www.tredition.de

AF197928

Seit über 20 Jahren bin ich Patin des
Kinderhilfswerks PLAN International.
Der Erlös aus dem Verkauf des Buches kommt dem
Frauke und Andreas Meinken Stiftung Fonds
zur Förderung von Kindern in der dritten Welt zu Gute.

Ein besonderer Dank gilt meinem Bruder und persönlichem Lektor Michael Schmal, der mir beim Schreiben der Berichte ein wertvoller Begleiter war. Ein Dank geht auch an meine Mutter Friedel Schmal, die alle überflüssigen Kommas aus dem Text entfernt hat.

Frauke Meinken

Reisen nach Albanien

Reiseberichte

© 2021 Frauke Meinken
Umschlag, Illustration: Frauke Meinken
Lektorat, Korrektorat: Michael Schmal
Weitere Mitwirkende: Friedel E. Schmal

Verlag & Druck: tredition GmbH, Halenreie 40-44, 22359 Hamburg

ISBN
Paperback: 978-3-347-02359-8
Hardcover: 978-3-347-02360-4
e-Book: 978-3-347-02361-1

Inhaltsverzeichnis

Vorwort

Ganz ohne Zweifel ist Albanien noch ein richtiges Land für Entdecker, vielleicht das letzte in Europa.

Die letzten Jahrzehnte haben Albanien nicht zur Ruhe kommen lassen. Politische Wirren und Krieg haben dem Tourismus kaum eine Chance gegeben. Doch seit einigen Jahren öffnet sich das Land und entwickelt sich zu einem Gastgeber mit vielen interessanten Facetten.

In unserer Heimatstadt gibt es ein Restaurant "Ionios". Wir lieben die mediterrane Küche und die herzliche Gastfreundschaft der Betreiber. Bei manch einem Gläschen Wein erzählt man über dies und das. So haben wir einiges über Albanien, unser Restaurant und seine Geschichte, sowie das Leben der Besitzer erfahren. Niko und Jimi kommen aus Albanien. Sie haben mit Begeisterung von ihrer Heimat erzählt und uns Fotos gezeigt. Als Globetrotter hat uns das neugierig gemacht. Vom Plan bis zur Umsetzung einer Reise hat es etwas gedauert. Aber im Jahr 2015 war es dann soweit. In diesem Jahr unternahmen wir eine Reise durch den Süden des Landes.

Eine Rundreise von Sarandë in den Norden folgte dann im Jahr 2019.

Mittlerweile betreiben Niko und Jimi ein Restaurant in Sarandë an der Küste des Ionischen Meeres. Das war ein alter Familienbesitz und so folgten sie dem Ruf des Vaters und renovierten über die Jahre das Restaurant in ihrer Heimat. In den Sommermonaten begrüßen sie ihre Gäste nun an der Strandpromenade von Sarandë.

Und es war Start- und Endpunkt unserer Reisen.

Das Buch hat nicht den Anspruch eines Reiseführers. Mit meinen Reiseberichten möchte ich die Lust auf dieses schöne Land wecken. Es sind meine Beobachtungen mit etwas Hintergrundwissen und erhebt nicht den Anspruch absolute Richtigkeit.

Ein guter Begleiter ist das Reise Know-How Albanien aus dem Verlag Peter Rump. Da findet sich alles, was man wissen muss.

Kapitel 1 – Albanien, der Süden

Përshëndetje "Hallo"

Mit großer Neugierde starten wir unsere erste Albanien Tour. Wir reisen über die griechische Insel Korfu, die über einen internationalen Flughafen verfügt, an. Die Schnellfähre bringt uns in 40 Minuten von Korfu nach Sarandë. Es geht auch gemütlicher mit dem Ausflugsdampfer in rund 2 Stunden. Hinter uns liegt die Kulisse Kerkyra's, eine der wohl schönsten griechischen Städte. Vor uns bergiges grünes Land und eine endlosscheinende Küste. Wir steuern den Hafen von Sarandë an.

Sarandë, die größte Stadt an der südlichen Küste, ist im Aufbruch. Schon jetzt besitzt sie fast alles, was ein mondäner Küstenort mit mediterranem Flair braucht. An der langen Strandpromenade laden Restaurants mit kulinarischen Leckerbissen zum Verweilen ein. Umgeben ist der Ort von bis zu 400 Meter hohen Hügeln. Historisch gibt es in Sarandë einiges zu entdecken. Erwähnt wurde der Ort bereits während der Antike wegen seines Hafens. Noch heute finden sich Reste der Stadtmauer aus der Spätantike im Stadtzentrum, sowie die Reste einer Synagoge. Südlich der Stadt liegt das antike Butrint, eines unserer Ziele auf dieser Reise. Nördlich befinden sich die Ruinen des Klosters der Vierzig Märtyrer. Dabei handelt es sich um ein ehemals christliches Kloster, das den Vierzig Märtyrern gewidmet ist. Die Vierzig Märtyrer waren Soldaten, die zwischen 320 und 323 in Sebaste in Kleinarmenien, heute Sivas in der Türkei, im Zuge der Christenverfolgungen unter Kaiser Licinius wegen ihres Bekenntnisses zum Christentum verurteilt und hingerichtet wurden. Die Zahl Vierzig hat im Christentum eine symbolische Bedeutung.

Sarandë ist ein perfekter Ort, um die Umgebung zu bereisen.

Unser erster Gang führt uns die Promenade entlang direkt zum Restaurant Centrali, wo uns Niko und Jimi herzlich begrüßen.

Stolz stellen sie uns ihr Restaurant vor. Es befindet sich in bester Lage mit direktem Blick auf die weite Bucht und das Meer. Kein Wunder, dass sie dem Ruf des Vaters gefolgt sind.

Mit einem starken albanische Kaffee und einigen Tipps von ihnen im Gepäck machen wir uns nun auf den Weg. Die Auswahl an Hotels und Appartements ist groß und wächst ständig. Da wir kleine Familienhotels bevorzugen, haben wir uns für das Harmony Hotel entschieden. Es liegt am südlichen Stadtrand auf einer Anhöhe. Der Blick in die Bucht ist einmalig. Segelboote liegen vor Anker. Sie kommen aus Italien und Griechenland und halten hier für eine Landbesichtigung. Regelmäßig verkehren die Fähren zwischen Korfu und Albanien. Ein Fünfmaster bewegt sich sachte in die Bucht. Welch eine Kulisse für ein so schönes Segelschiff. Wir genießen die Aussicht und erkunden unsere direkte Umgebung. Am Abend laufen wir zurück zum Restaurant Centrali, wo wir uns von frischem Fisch, auf köstlichste Art zubereitet, verwöhnen lassen.

Der nächste Morgen begrüßt uns mit strahlend blauem Himmel, perfekt für den ersten Ausflug.

Nur eine knappe halbe Autostunde südlich von Sarandë wartet das antike Butrint auf interessierte Besucher. Das ist unser erstes Ziel. Mit unserem gemieteten Auto fahren wir entlang der Küste in südliche Richtung. Es geht durch kleinere Orte, immer wieder mit Blick auf das blaue Meer. Schon aus einiger Entfernung können wir den Vivar Kanal erkennen, der ins Ionische Meer mündet.

Diese antike Sehenswürdigkeit liegt besonders malerisch auf einer Halbinsel in der Lagune von Butrint an der Meerenge von Korfu. Seit der griechischen Besiedelung in der Antike war der Ort ein wichtiger Hafen und hatte über viele Jahrhunderte Bestand, was seine interessante Vielfalt zur Darstellung bringt. In aller Ruhe durchstreifen wir die weitläufige Anlage fast immer mit Blick auf die Lagune.

Kurz hinter dem Eingang begrüßt uns der venezianische Turm aus dem 15./16. Jahrhundert. Der Weg führt vorbei an einem römischen Stadthaus aus dem 5.Jh. und dem Baptisterium mit seinen sehr gut erhaltenen wunderschönen Mosaiken. Im Zentrum des dachlosen Baptisteriums befindet sich ein kreuzförmiges mit Marmorplatten verkleidetes Taufbecken. Das farbenfrohe und symbolreiche gut erhaltene Fußbodenmosaik soll eines der größten der Spätantike sein. Ein Stück weiter stehen die Reste der großen Basilika, einer frühchristlichen Kirche aus dem 6. Jh. n. Christus. Mit etwas Fantasie kann man sich gut vorstellen, wie es damals in der Basilika zugegangen sein könnte. Vorbei am hellenischen See Tor aus dem 4. Jh. laufen wir weiter zum Löwentor, welches aus dem Mittelalter stammt. Das venezianische Schloss aus dem 14. - 16. Jh. wurde in den 1930 Jahren wieder erbaut. Hier sind alte Statuen zu sehen und die Aussicht vom Dach reicht über die Lagune bis nach Korfu. In den Thermen quaken heute Frösche in den schönsten Tönen und kleine Wasserschildkröten lassen sich bei dem Gesang ins Wasser gleiten. Am Ende unserer Rundwanderung setzen wir uns auf die Stufen des alten Theaters und genießen noch einmal die Stille dieses besonderen Ortes.

In unmittelbarer Nähe befindet sich ein weiteres Highlight für Naturliebhaber, der Butrint Nationalpark „Parku Kombëtar i Butrint". Diesen Naturpark gibt es seit dem Jahr 2000 und er ist 86 km² groß. Die Wasserlandschaft ist einzigartig und Heimat vieler Vogelarten, darunter viele bedrohte Wasservögel. Der Fischreichtum der Gegend ist seit der Antike bekannt.

Auf der Rückfahrt stoppen wir an einem der Strände und erfrischen uns im kühlen und klaren Wasser des Ionischen Meeres.

Am nächsten Tag starten wir unsere Reise in das Landesinnere. Mit genügend Zeit im Gepäck ist der Bus eine sehr gute Reisemöglichkeit. Busse fahren überall zuverlässig und sind billig, außerdem ist es die beste Möglichkeit, sich unter das Volk zu mischen. Mit dem

Mietwagen geht es natürlich ebenso, man ist etwas flexibler. Da es uns an Zeit fehlt, sind wir mit einem Mietwagen unterwegs.

Wir verlassen Sarandë in Richtung Gjirokastër landeinwärts. Bereits nach einer knappen Fahrtstunde erreichen wir eine kleine Naturschönheit, das Blue Eye. Syri i Kaltër ist eine Karstquelle, deren Wasser aus einem unterirdischen Quelltopf emporsprudelt. Das Wasser an der Quelle zeigt sich in den allerschönsten Blautönen. Der Quellbach mündet in einem nahen See. Alles ist umgeben von üppigem Grün, alten mediterranen Eichen und Tamarisken. Leider ist das Areal nicht sehr sauber gehalten. Am See lädt ein kleines Restaurant zum Pausieren ein. Wir durchforsten die Umgebung, trinken am Wasser einen Kaffee und schon geht die Fahrt weiter zum Muzina-Pass.

Die ganze Gegend ist landschaftlich sehr sehenswert. Grünes hügeliges Bergland mit kleinen Dörfern, deren Häuser aus dem Gestein der Berge erbaut wurden. In Serpentinen windet sich die Straße mit einmaligen Blicken in das Drinos-Tal hinunter. Unser Ziel ist Gjirokastër mit seiner beachtlichen Festung, die stolz über die Stadt wacht. Die Altstadt gehört seit 2005 zum UNESCO Weltkulturerbe. Das Besondere an diesem Ort sind die Wehrturmhäuser aus Stein. Hier spielte sich vom 17. bis ins 20 Jh. das kulturelle Leben ab. An vielen dieser einmaligen Häuser nagt der Zahn der Zeit, doch einige sind bereits restauriert und Besucher sind gern gesehene Gäste. Die Stadt ist ein Erlebnis mit dem Basar, den engen Gassen durch die Altstadt und den freundlichen Herbergen, wo köstlich traditionelles Essen auf den Tisch kommt. Wir erreichen unsere Herberge, das Hotel Gjirokastër, am Nachmittag. Das Hotel ist einfach nur zauberhaft. Die Zimmer sind landestypisch und gemütlich. Am schönsten ist das herzliche Willkommen der Gastgeber. Die Mutter des Hauses ist hier die Chefin in der Küche. Eine Speisekarte sucht man vergebens. Es kommt auf den Tisch, was Mutter kocht. Und das ist auf jeden Fall immer ein Gaumenschmaus. Für uns der perfekte Ort, die Gegend zu entdecken.

In den Nachmittagsstunden laufen wir hoch zur Burg. Die Festung ist wirklich beachtlich. Sie befindet sich auf einem Bergsporn und überragt mit ihren Ausmaßen die ganze Stadt. Erste Besiedelungen fanden vermutlich schon im 3. Jh. v. Christus statt. Die ersten festen Mauern um die Anlage wurden im 6. Jahrhundert erbaut. Durch einen gewölbten Korridor betreten wir die Burg. Für unsere Eroberung brauchen wir rund 2 Stunden. Die Anlage ist weitläufig und bietet immer wieder weite Blicke in das Drionos-Tal. Auf dem Gelände der Festung befindet sich auch das Nationale Albanische Waffenmuseum, was einen Blick in die Historie des Befreiungskampfes und eine Ausstellung verschiedener Waffen zeigt. Auf dem Außengelände sind einige Beutestücke ausgestellt. Unter anderem eine Lockheed T 33, die hier während des kalten Krieges, notlanden musste.

Von Gjirokastër aus unternehmen wir zwei Tagestouren. Die erste Tour führt uns in das antike Antigonea, auf die andere Seite des Tales. Der Molosserkönig Pyrrus hat die Stadt 295 v. Chr. gegründet. Durch die optimale Lage war der Ort lange Zeit ein bedeutendes Handelszentrum. Schon die gut halbstündige Anfahrt dorthin ist eindrucksvoll.

Antigonea liegt auf der Höhe eines langgestreckten Ausläufers des Lunxhëria-Gebirges. Das Areal erstreckt sich über rund 92 Hektar. Wir erkunden diesen Ort alleine (wo kann man das heute noch erleben) und sind begeistert von der Lage und der Aussicht ins weite Umland. Mit Hilfe eines Faltplanes kann man sich gut auf dem Areal zurechtfinden. Sandpfade führen von Ort zu Ort. Manchmal laufen wir einfach quer über eine Wiese, wenn uns etwas ins Auge fällt. Mit uns sind jede Menge bunter Schmetterlinge unterwegs und über uns ziehen Falken weite Kreise. Die Natur scheint hier noch intakt.

Nach gut zwei Stunden treffen wir am Ausgang auf die nächste Reisegruppe, eine recht große Herde Ziegen und ein paar Schafe sind auch dabei. Am Rande des Weges im Gras sind die beiden

Reiseleiter gerade dabei, Ziegen zu melken. Sie grüßen uns freundlich und die Ziegen lassen uns auch gemütlich passieren.

Zurück in unserem Hotel gönnen wir uns eine kleine Pause, bevor wir uns noch einmal auf den Weg machen. In Gjirokastër leben heute rund 35000 Menschen. Die Stadt ist nicht besonders schön mit ihrem Fußballstadion und den Arbeiterwohnblocks aus kommunistischer Zeit.

Die alte osmanische Museumsstadt, die mittlerweile UNESCO-Weltkulturerbe-Status besitzt, bezaubert seine Besucher jedoch. Für die Bewohner ist dieser Status eine Last, denn vielen fehlt das Geld diese wunderschönen alten Häuser zu renovieren. Trotzdem sind einige der Häuser inzwischen renoviert worden und laden die Besucher zur Besichtigung ein. Durch schmale Kopfsteinpflastergassen schlängeln wir uns durch den Ort und schauen neugierig in die Hinterhöfe. Im Herzen der Altstadt setzten wir uns in ein Café und beobachten das Treiben um uns herum.

Unser nächstes Ziel ist das Ethnografische Museum. An seiner Stelle befand sich das Geburtshaus Enver Hoxhas, des kommunistischen Diktators, der das Land von 1944 bis 1985 regierte. Das Gebäude wurde nach einem Brand 1966 wieder aufgebaut und es entstand ein Museum. Über eine schmale Gasse laufen wir zum Geburtshaus des Schriftstellers Ismail Kadare. Neben vielen Romanen veröffentlichte er Novellen, Gedichte und Essays.

Das Haus der Familie Fico, auch ein typisches Wehrturmhaus, befindet sich ganz in der Nähe und kann besichtigt werden. Wir laufen weiter zum Zekati-Haus. Es ist wohl das bekannteste und eindrucksvollste Wehrturmhaus in Gjirokastër. Vierstöckig schmiegt es sich an den Hang. Dem Erbauer dieses Hauses ging es ganz sicher mit um die Zurschaustellung seiner Persönlichkeit.

Beqir Zako war der höchste Verwaltungsbeamte des Ortes. Er erbaute das Haus 1811/12 und lebte dort mit seiner Familie. Es ist wirklich sehr eindrucksvoll. In der Mitte befinden sich zwei hohe Arkaden zwischen den etwa 20 m hohen Wehrturmhäusern. Es gibt keine festen Besuchszeiten. Man geht einfach hin und fragt, ob man es besichtigen darf. Die Besitzer sind sehr freundlich und für ein kleines Eintrittsgeld stehen uns die Türen offen. Im unteren Teil des Gebäudes befinden sich Vorratsräume für Getreide und ähnliches, sowie eine Zisterne. In der ersten Etage treffen wir auf den Empfangsraum, einen Frauenraum und einen weiterer Lagerraum. In der zweiten Etage wird es gemütlich. Hier befinden sich die Haupträume der Familie, die Winterräume oder auch Feuerräume genannt. Geschnitzte Wandschränke verschönern den Raum. Um die Räume herum an den Wänden liegen Sitzmatratzen. Wie überall auf dem Balkan wurde auch hier im Schneidersitz gesessen. Im dritten Obergeschoss befindet sich eine offene hölzerne Veranda. Der Ausblick von hier auf die Stadt und das Umland ist spektakulär. Diese Etage wurde als Gäste- und Festraum der Familie genutzt. Prächtige Fresken verschönern den Raum und symbolisieren Gesundheit und Reichtum. Die Decke ist in türkischem Stil geschnitzt und vergoldet. Farbiges venezianisches Glas schmückt die Fenster. Eine sehr eindrucksvolle Besichtigung, vor allem der Ausblick bleibt uns in Erinnerung.

Am Abend unternehmen wir noch einen zweiten Spaziergang zum Zakati Haus. Im Garten des Hauses wird an ein paar Tischen von den Besitzern Wein serviert. Hier treffen wir auf Einheimische und erleben einen gemütlichen Abend zusammen. Leider zieht es auch hier die jungen Leute in die Stadt, um Geld zu verdienen bzw. zum Studium und die Eltern hoffen auf ihre Wiederkehr. Auf dem Heimweg schauen wir auf die nächtlich beleuchtete Festung in ihrer ganzen Größe.

Den zweiten Ausflug unternehmen wir in Richtung Përmet und er ist nicht weniger aufregend. Wir folgen dem Drinos-Tal in Richtung Norden. Über eine freihängende Brücke fahren wir in die Këlcyra-Schlucht und folgen dem türkisfarbenen Wildwasserfluss Vjosa. Përmet lassen wir sozusagen rechts liegen, denn unser erstes Ziel des Tages ist Banjo e Bënjes mit seinen Thermalquellen ganz in der Nähe des Ortes Bënje. Aus einiger Entfernung können wir schon die altehrwürdige Brücke Ura e Katiut erkennen. Es heißt, sie ist eine der schönsten Steinbogenbrücken aus osmanischer Zeit in Albanien. Direkt neben ihr befinden sich zwei Thermalpools mit glasklarem heilendem Wasser. Eigentlich wollen wir in die Schlucht hineinlaufen. Das ist nur in den Sommermonaten möglich. Dort gibt es eine zweite osmanische Bogenbrücke und mehrere Thermalpools. Leider ist in der Nacht ein Sturm mit viel Regen über das Land gezogen und so ist die Wanderung zu gefährlich. Doch so schnell geben wir nicht auf und versuchen ein Stück in die Schlucht zu laufen. Schon nach wenigen 100 Metern müssen wir jedoch unser Vorhaben beenden. Die Neugierde bleibt uns erhalten. Denn es heißt, dass sich der Canyon nach der zweiten Bogenbrücke atemberaubend verengt und wunderbare Felsformationen zur Sicht kommen. Vielleicht können wir einen zweiten Versuch auf der nächsten Reise einbauen. Doch verlassen wir die Gegend nicht ohne ein Bad im Thermalpool. Hier treffen wir auf ein älteres albanisches Ehepaar. Wir unterhalten uns und sie schüren unsere Neugierde auf den Norden. Sie erzählen von Dörfern wie aus einer anderen Zeit, schwärmen von den Menschen und den Landschaften im Norden Albaniens. Es wird Zeit weiterzufahren. Ein Blick zurück lohnt sich immer. Ein Bauer bewegt sich gerade gemeinsam mit seinen zwei Eseln über die schmale Bogenbrücke. Was für ein schönes Motiv.

Das nächste Ziel für diesen Tag ist Leuse. In diesem kleinen Bergdorf nahe Përmet, befindet sich die Kreuzkuppelkirche Shën Mërisë. Sie ist eine der wertvollsten Kirchen Albaniens und für uns ist der Besuch das absolute Highlight dieser Reise. Der Ort ist nicht ganz einfach zu finden. Darum fahren wir nach Përmet und machen uns auf die Suche nach der Tourist Info. Heute ist Wahltag, das Stadtzentrum voller Menschen und die Tourist Info dient als Wahllokal. Was nun? Alles kein Problem. Wir sprechen mit ein paar Einheimischen und schnell ist jemand bereit, uns für ein paar Euro ans Ziel zu bringen. Gemeinsam mit unserem jungen Begleiter, der gut Englisch spricht, fahren wir an den Rand des Ortes. Am

16

letzten Haus Përmet's lassen wir das Auto stehen und wandern eine gute halbe Stunde, meist bergauf. Der sandige Weg führt durch ein Waldstück, wir überqueren eine Wasserrinnsal und treffen auf eine Schildkröte. Am Wegesrand steht eine kleine Kuppelkirche in Puppengröße. Sie soll vielleicht auf die Kirche hinweisen. Sicher ist sie ein Altar für die Bewohner der Gegend. In einiger Entfernung können wir die Kirche zwischen hohen Bäumen erkennen. Nach einer guten halben Stunde erreichen wir das Bergdorf. Unser Begleiter kennt sich aus und klopft direkt gegenüber der Kirche an eine Hoftür. Hier bekommt man den Schlüssel für die Kirche. Ein freundlicher schelmisch lachender älterer Herr begleitet uns zur Kirche. Schon alleine der ca. 15-20 cm lange Schlüssel ist eine Schau. Doch als er die Tür öffnet und das Licht den Kirchenraum erhellt sind wir sprachlos. Das gesamte Kircheninnere ist phantasievoll in leuchtenden Farben bemalt. Die Malereien stammen von einem albanischen Künstler aus dem 17. Jahrhundert. Welch ein Glück, dass dieser Kunstschatz nicht den Zerstörungen während der kommunistischen Herrschaft zum Opfer fiel. Beeindruckend ist auch, dass Shën Mërisë eine wirklich lebendige Kirche ist. Sie ist nicht aufgeräumt, sie ist authentisch. Abgebrannte Kerzen stecken in Kerzenleuchtern, Gesangsbücher liegen auf den Sitzen. Ikonen stehen an der Wand oder auf Tischen. Ein kleiner Altar wirkt sehr zerbrechlich. Ihm fehlt schon ein Fuß. Alles wirkt so, als sei der letzte Gottesdienst gerade zu Ende. In aller Ruhe bewundern wir dieses Kunstwerk, klettern auf die Empore um den farbenfrohen Fresken noch etwas näher zu sein. Unser "Schlüsselmann" schmunzelt die ganze Zeit. Er kann wohl kaum verstehen, warum wir so fasziniert sind. Normalerweise teilt man sich solch einen besonderen Ort mit hunderten von Besuchern. Wir dürfen alles ganz alleine anschauen. Am Ende verschließt der große Schlüssel diesen Schatz, wir bedanken und verabschieden uns. Die Wände vor dem Eingang unter den Arkaden sind ebenso kunstvoll bemalt. Leider sind diese Malereien etwas zerstört.

Gemeinsam mit unserem jungen Begleiter vollenden wir unsere Wanderung. Über steinige Wege geht es noch etwas höher in das Dorf Leuse. Es erinnert uns ein wenig an ein Bergdorf im Himalaya, nur nicht ganz so hoch gelegen. Die Häuser wirken einfach, Steinmauern trennen die Gehöfte. Hühner gackern um grasende Ziegen herum. Bergab geht es etwas schneller. Da kreuzt sich unser Weg wieder mit der Schildkröte. Gruß und weiter. Wir sind glücklich, diese wunderschöne Kirche gesehen zu haben. Solche Momente sind unvergesslich.

Zurück in Përmet verabschieden wir uns von unserem Begleiter und unternehmen eine kleine Stadtbesichtigung. Der Ort ist nicht spektakulär aber sehenswert. Er liegt am Fuße des 2050 m hohen Berges Mali i Dhembëlit. Das Städtchen hat viel Grün und wird auch gerne Stadt der Rosen genannt. Wir laufen am Fluss entlang zum Wahrzeichen des Ortes, einem mächtigen freistehenden Felsbrocken. Über eine Treppe kann man den Felsen besteigen, was wir natürlich tun. Der Ausblick auf die Stadt, den Fluss und eine kleine Moschee lohnt sich. Es wird Zeit für den Heimweg. Ein Gewitter zieht auf und macht die Landschaft mit seinem dunklen Himmelsfarbspiel noch reizvoller.

Am Abend spazieren wir ein letztes Mal durch Gjirokastër. Über Steinmauern wachsen wild Bougainvillea 'n, in verschiedenen Farben, Katzen liegen auf der Lauer. Schließlich entdecken wir einen Tunnel, der unterhalb der Festung, durch den Fels führt. Für die Einheimischen eine zeitsparende Abkürzung.

Wir sind begeistert vom Erlebten hier. Genau das macht Albanien so reizvoll für Weltentdecker. Wer sich hier auf den Weg macht, wird Einzigartiges erleben.

Für uns wird es Zeit, zurück nach Sarandë zu fahren. Wieder geht es über den Muzina Pass, nicht ohne wehmütigen Blick zurück. Auf der anderen Seite des Passes nehmen wir nun eine nicht so gut ausgebaute Straße über Delvinë zurück nach Sarandë. Der kurvenreiche Umweg lohnt sich, denn die bergige Landschaft ist reizvoll und die Panoramablicke über die ganze Region bleiben in Erinnerung.

Noch einmal checken wir im Hotel Harmony ein, denn ein Tag bleibt uns noch und den wollen wir der albanischen Rivera widmen.

Heute verlassen wir die Stadt in nördliche Richtung und folgen der Küstenstraße der albanischen Riviera. In Serpentinen schlängelt sich der Weg durch kleine Orte und endlosscheinende Olivenhaine, immer mit Blick auf das türkisblaue Ionische Meer. Da man sich hier die Straße mit Schweinen, Kühen und Ziegen teilt, ist das Fahrttempo perfekt, um die schöne Gegend zu bewundern. Manch schweißtreibende Wanderung kann hier unternommen werden. Eingetragene Wandertouren gibt es noch nicht. Hier ist echter Entdeckersinn gefragt. Genau das richtige für uns. Im Reiseführer haben wir von einem kleinen Kloster gelesen, dass über eine kurze Wanderung zu erreichen ist. Eine kurze Wanderung, das geht auch in den heißen Mittagsstunden. Also parken wir unser Auto im Dorf Piqeras, unter einem schattenspendenden Baum und laufen los. Ein Stück bergauf durch das Dorf, aber wo ist der Einstig zur Wanderung? In einem abzweigenden Pfad steht ein hübscher brauner Esel und lässt sich das Gras schmecken. Da er keinerlei Anstalten macht, uns vorbeizulassen, laufen wir den Hauptweg weiter. In Serpentinen geht es auf sandigem Pfad weiter bergauf. Das scheint nicht der richtige Weg, aber einen anderen Weg finden wir nicht. Also laufen wir den schattenlosen Weg weiter. Die Sache kommt uns schon etwas komisch vor, denn eine kurze Wanderung ist das nun nicht mehr und die Sonne scheint uns dazu erbarmungslos auf die Köpfe. Immerhin bleibt uns der Blick auf das Meer und der Traum bald ins Wasser springen zu können. Nach einer knappen Stunde endet unser Weg und wir müssen feststellen, dass wir tatsächlich falsch gelaufen sind. Aber wir haben einen tollen Blick auf das kleine Kloster, allerdings aus der Vogelperspektive. Es liegt direkt vor uns, ein paar hundert Meter entfernt. Nur eine kleine Schlucht trennt uns.

Das Kloster Manastir i Kakomes schmiegt sich auf einem kleinen Hang an die grüne Hügellandschaft. Im Hintergrund das Ionische Meer. Eine runde, steinerne Anlage. In der Mitte ist die Kreuzkuppelkirche gut zu erkennen. Sie scheint noch intakt. Den Nebengebäuden fehlen die Dächer. Der Weg querfeldein zum Kloster ist uns durch die Schlucht versperrt, also bleibt nichts anderes übrig, als die staubige Piste zurückzulaufen. Immerhin geht es bergab etwas schneller. Im Dorf steht das Eselchen noch an gleicher Stelle und wir haben das Gefühl, dass er uns etwas frech anschaut. Ganz nach dem Motto: „Hättet ihr euch mal an mir vorbei getraut!" Als Stadtmensch ist man da schon mal etwas zurückhaltender. Nun fahren wir geradewegs runter ans Meer und lassen uns vom wunderbar kühlen Nass erfrischen. Wir schwimmen ein Stück raus auf das Meer. Beim Blick zurück können wir unseren Weg gut nachvollziehen. Dicht daneben ist halt auch vorbei. In einem Café am Strand schmeckt der süße starke albanische Kaffee nun besonders gut.

Wir düsen die Rivera weiter in Richtung Norden. Immer wieder halten wir an, weil der Blick auf die Küste zu schön ist. Atemberaubend die ewig lange Bucht von Kakomes und so unverbaut. Hoffentlich wird diese Küste nicht irgendwann von Hotelanlagen verschandelt sein.

Es dauert nicht lange und wir erreichen unser nächstes Ziel, die Bucht von Porto Palermo. Hier gibt es gleich zwei Sehenswürdigkeiten. Ein kleines Fort aus dem 18. Jh. erbaut von Ali Pascha in osmanischer Festungsarchitektur. Es befindet sich in der Mitte der Bucht. Das zweite Highlight ist ein ziemlich unheimlich wirkender U-Boot-Hafen, gut versteckt in einer Ecke der Bucht.

Bis 1997 war die Bucht militärisches Sperrgebiet. Offiziell gibt es keine Besichtigungserlaubnis für den U-Boot-Hafen. Das Fort ist für einen kleinen Eintrittspreis einzunehmen. Also widmen wir uns der Festung von Ali Pascha. Am Eingang sitzen zwei Männer mit einem Ziegenbock unter einem Olivenbaum. Sie wirken etwas gelangweilt aber freundlich. Gegen einen kleinen Obolus dürfen wir das Innere der Festung betreten. Angenehme Kühle umgibt uns in den dunklen Räumen. Die Bogengänge wirken wie ein kleines Labyrinth. Es ist spartanisch, nur ein paar Bilder an den Wänden von Ali Pascha und seinen Kampfgenossen, verschönern das Innere. Über eine Treppe gelangen wir auf den Hof der Burg. Von hier lässt sich gut die perfekte Lage der Festung nachvollziehen. Unter einem schattigen Rundbogen lassen wir uns nieder. Es ist heiß und wir brauchen etwas Schatten. Das Wasser der Ionischen See umspült die Burg. Alte Kanonen zeigen auf das Meer, doch mehr können sie nicht mehr verrichten. Nur ein Fischerboot nimmt Kurs auf uns und das ist keine Gefahr.

Durch das kühle Innere verlassen wir die Burg wieder. Freundlich winken uns die beiden Männer am Eingang hinterher. Die Ziege blökt und das Fischerboot hat seinen Hafen erreicht. Wir folgen der Bucht noch ein Stück weiter, bis die Straße sich in die nächste Kurve legt. Von hier schauen wir direkt in den U-Boot-Hafen. Er wirkt unheimlich, doch seine Lage ist perfekt. Keine Chance ihn vom Meer aus zu sehen.

An den Hängen fallen uns die kleinen runden Bunker auf, ein Überbleibsel aus Kriegszeiten. Sie sind nicht schön anzusehen. Enver Hoxha muss unter schlimmem Verfolgungswahn gelitten haben. Diese kleinen runden Bunker sind über das ganze Land dicht verteilt. Bei Regen sind sie zum Unterstellen noch von Bedeutung oder im Sommer als Schutz vor der Sonne.

Die Zeit ist schnell vergangen, wir kehren um und fahren zurück nach Sarandë, aber gemütlich. Wir wollen ja keine Kuh überfahren und auch Mutter Schildkröte lässt sich mitten auf der Straße nicht aus der Ruhe bringen.

Im Restaurant Centrali, direkt an der Promenade, gönnen wir uns ein Abendessen der Extraklasse an unserem letzten Abend in Albanien. Bei frischem Fisch aus dem Ionischen Meer und dem besten Raki der Region, lassen wir unsere Reise Revue passieren. Albanien und seine herzlichen Menschen haben es uns angetan. Vielleicht schon im nächsten Jahr werden wir wieder unsere Rucksäcke packen und das Land bereisen. Die Route steht fest, von Nord nach Süd oder einmal rundherum. Enden wollen wir hier an diesem gemütlichen Ort mitten in Sarandë, im Restaurant Centrali.

Nun ist es Zeit für eine Pause, mit einem guten albanischen Bio Wein z.B. aus der Gegend um Ceruja im Norden des Landes und dazu gibt es leckere Orangenoliven.

... und damit es nicht langweilig wird habe ich noch ein paar Fotos der ersten Reise beigefügt ...

Blick über Gjirokastër

Syri i Kaltër - das blaue Auge

Gjirokastër

Butrint

Antigonea

Antigonea

Shën Mërisë

Kapitel 2 – Albanien, Rundreise

Wie am Ende des ersten Reiseberichtes versprochen, sitzen wir im Restaurant Centrali an der Strandpromenade von Sarandë. Es ist wieder der Ort, an dem wir unsere zweite Albanien-Reise beginnen und beenden werden. Vier Jahre sind ins Land gegangen und wir sind sehr gespannt, was uns erwartet.

Unsere Anreise erfolgt wieder über die griechische Insel Korfu. Die Flugverbindungen von Hamburg sind perfekt. Die 9:00 Uhr Fähre bringt uns in einer guten halben Stunde nach Albanien. Die Sonne scheint und die Menschen begrüßen uns freundlich. Am Hafen sind gerade die Fischer mit ihrem morgendlichen Fang eingetroffen, in der Hoffnung, ein gutes Geschäft zu machen. Wir laufen die Promenade entlang bis zum Restaurant Centrali. Es ist noch früh am Tag und Niko und Jimi sind noch nicht im Restaurant. Auf unser Nachfragen hin ruft ein Mitarbeiter die beiden an und wir müssen nicht lange auf sie warten. Die Wiedersehensfreude ist groß. Viele Hamburger Freunde haben versprochen, sie in ihrer Heimat zu besuchen. Doch nur wenige halten ihr Versprechen. Und dass dann welche ein zweites Mal kommen, ist etwas Besonderes. Spontan heißen uns unsere Freunde mit einem vorzüglichen Frühstück willkommen.

Es ist uns gleich aufgefallen, dass sich in Sarandë einiges verändert hat. Neue Restaurants und Cafe's sind entstanden. Die Stadt hat mit Hilfe der Restaurant-und Hotelbesitzer die Promenade verschönert, erzählt uns Niko. Granitstatuen von bekannten albanischen Künstlern sind nun Blickfang und schönes Fotomotiv. Jedes Jahr kommen mehr Touristen. Mittlerweile ankern selbst die großen Kreuzfahrtschiffe in der Bucht. An manchen Tagen bis zu drei Schiffe. So sehr man sich über die Touristen freut, denn sie kurbeln den Umsatz an und garantieren der Stadt gute Einnahmen. An manchen Tagen sind es vielleicht zu viele Menschen für die Stadt.

Niko und Jimi haben es nicht bereut, dem Ruf des Vaters gefolgt zu sein und dem alten Restaurant neues Leben einzuhauchen. Stolz zeigen sie uns, was sich in den letzten 4 Jahren verändert hat. Auf dem Dach ist eine schicke Bar entstanden, der Toilettenbereich ist modern und neu gestaltet. Das Restaurant macht wirklich was her. Natürlich ist es für sie nicht immer einfach, erzählt Niko, denn viele Monate im Jahr leben sie von ihren Familien getrennt. Die Kinder gehen in Deutschland zur Schule, haben dort Freunde und ihre Heimat. Jimi's Augen funkeln glücklich, denn bald in den Ferien kommt die Familie zu Besuch. Mit einem Glas Prosecco stoßen wir auf Albanien und unsere Freundschaft an. Wir verabreden uns für ein Abendessen in 2 Wochen und starten unsere Tour.

Zuerst einmal suchen wir unsere Autovermietung. Mit einer Extrarunde finden wir sie endlich, direkt im Terminal der Fähre. Offensichtlich sind die Autovermietungen erst vor kurzem umgezogen. Früher befanden sie sich außerhalb des Terminals in der Stadt. Wir hatten uns für einen kleinen SUV entschieden wegen der teilweise nicht so guten Straßenverhältnisse. Einen kleinen gab es nicht, also düsen wir mit einem schönen neuen Hyhndai los. An die Straße in Richtung Muzina Pass können wir uns noch gut erinnern. Sie schlängelt sich aus der Stadt heraus, weiter durch flaches Land, folgt einem türkisfarbenen Flusslauf, um dann auf die Berge zu treffen. Wir verlassen die Stadt am Meer in nordöstliche Richtung. Nach nur 9 Kilometern erreichen wir das erste Highlight unserer Reise. Auf einem hügeligen Bergrücken in atemberaubender Lage inmitten der Vrina-Ebene befindet sich das antike Phoenike bzw. Finiq, die Ruinen der einstmals bedeutenden Stadt. Die Ausgrabungen sind leicht zu finden und über eine gute Straße, die sich am Berg steil hochwindet, recht schnell erreicht. Wir parken das Auto neben dem Eingangshäuschen und beginnen mit der Erkundung dieses historischen Ortes.

In der Antike wurde Phoenike von dem illyrischen Stamm der Kaonier bewohnt. Sie war die am stärksten befestigte und wohlhabendste Stadt in ganz Epirus. Der Höhenrücken inmitten der Ebene bot einen weiten Blick auf das flache Land, das ganze Küstenland konnte von hier kontrolliert werden. Am Fuße des Hügels trafen sich zwei Handelsstraßen und der Hafen von Butrint, der sich unweit von hier an einer Meerenge befand, war an die Siedlung angeschlossen. Durch Erosionen in der Ebene versumpften die vorher dagewesenen Flussläufe und der Schiffsverkehr war über Butrint nicht mehr möglich. Von da an war Sarandë der Hafen für Phoenike. Erste Befestigungen gab es bereits im 5. Jahrhundert vor Christus. Die Stadt wuchs stetig und hatte im 3. Jahrhundert vor Chr. ihre Blütezeit. Damals war Phoenike Hauptstadt von Epirus. Schon zu römischer und byzantinischer Zeit war sie eine bedeutende Stadt. Im Laufe des 6. Jahrhunderts wurde Phoenike langsam verlassen. Der italienische Archäologe Ugolini entdeckte sie 1924 wieder. Zu den Überresten aus antiker Zeit kamen zu kommunistischen Zeiten so einige kleine Rundbunker hinzu, denn da befand sich an diesem Ort ein Militärstützpunkt. Die Anlage ist weitläufig und man genießt von jeder Stelle einen phantastischen Panoramablick. Das ganze Areal erblüht momentan in den Farben des Frühlings. Beeindruckend sind die riesigen polygonalen und trapezförmigen Kalksteine in den Mauern gleich zu Beginn des Rundgangs. Gut zu erkennen ist das Theater und die Basilika mit dem eingelassenen Taufbecken für Ganzkörpertaufen. Es stammt aus dem 6. Jahrhundert. Es geht vorbei an Tempeln und Wohnhäusern, jedoch hat man das Gefühl, dass die aktuellen Ausgrabungen unterbrochen wurden. Es wirkt irgendwie unfertig. Vielleicht müssen erst neue Gelder beschafft werden. Der Ausflug lohnt sich auf alle Fälle. Nach gut 1,5 Stunden begeben wir uns auf die Weiterfahrt.

Am Horizont ziehen dunkle Regenwolken auf. Das ist zwar wunderbar für die Fotos, aber nass wollen wir nicht werden. Bergab durch das Dorf fahren wir weiter auf der Hauptstraße in Richtung Muzina Pass. Wir folgen weiter dem Flusslauf. Die Straße schlängelt sich durch die Ebene. Am Abzweig zum Syri i Kalter, dem blauen Auge, fahren wir vorbei. Die Karstquelle haben wir bei unserer ersten Reise besucht. Es fängt an zu tröpfeln. Nun windet sich die gut ausgebaute Straße in Serpentinen hoch zum Pass. Oben angekommen fällt der Blick ins weite Drinos Tal. Das Regengebiet hat rein zufällig den gleichen Weg. Was soll es, reisen wir also gemeinsam. Nach Girokastër, unserem Tagesziel, ist es nun nicht mehr weit. Unser Hotel befindet sich inmitten der historischen Altstadt. Man hat uns bereits darüber informiert, dass die Anreise etwas schwierig werden könnte, denn die Stadt ist momentan dabei, die ganzen Wege aufzureißen und Kopfsteinpflaster neu zu verlegen. In der Tat brauchen wir mehrere Anläufe, um uns unserer Herberge zu nähern. Klitschnass erreichen wir endlich das Hotel. Wir werden mit einem heißen Tee und einem Raci empfangen und die feuchte Anreise ist schnell vergessen.

Nach einer Weile pausiert der Regen und wir unternehmen einen Memory Spaziergang zu bekannten Orten. Es hat sich einiges getan seit unserem letzten Besuch. Die alten Straßen aus Pflastersteinen werden gerade erneuert. Die Häuser wurden im Stadtkern ebenfalls restauriert, hier entstehen neue kleine Kunsthandwerkerläden. Das Konzept der Stadterneuerung wirkt auf uns gelungen und authentisch.

Wir laufen bis zum Ethnografischen Museum. Es geht vorbei an einem der für die Stadt bekannten Wehrturmhäuser, dem Angonate-Haus. Beide Gebäude haben wir auf unserer ersten Reise besucht. Nun laufen wir bergauf zum Zekate-Haus, dem für uns eindrucksvollsten Wehrturmhaus des Ortes. Ein kleiner immer freundlich lächelnder etwas rundlicher Mann begrüßt uns. Wir können uns gut an seine erfrischende Art erinnern. Er zeigt uns die Zisterne im Haus, die immerfort funktionstüchtig ist. Der Ausblick vom hölzernen Balkon in der zweiten Etage ist phantastisch. Im Vordergrund der Ort, am Horizont die Festung in ihrer ganzen Größe und die schneebedeckten Gipfel des Lunxhëria-Gebirges. An diesem Ausblick kann man sich gar nicht sattsehen. Natürlich trinken wir zum Abschied in seinem kleinen Hausrestaurant noch ein Bier und genießen den Moment. Es fängt wieder etwas an zu tröpfeln, also gehen wir zurück in die Altstadt. Hier finden wir Platz unter dem trockenen Vordach eines Lokals und lassen uns verschiedene albanische Leckereien schmecken. Unverkennbar haben die Osmanen hier ihre Fußstapfen hinterlassen. Die Speisen sind dem türkischen recht ähnlich. Es gibt gefüllte Weinblätter, Blätterteigbrot mit Schafskäse, orientalisch gewürzte Hackbällchen, Oliven und ein Gläschen Wein.

Am nächsten Morgen scheint die Sonne und wir beschließen, vor der Weiterfahrt noch einmal zum Zekate-Haus zu laufen. Heute genießen wir die Aussicht bei Sonnenschein und haben wieder unseren Spaß mit dem Hüter des Zekate-Hauses. Nur auf das Bier verzichten wir so früh am Morgen.

Die Reise geht weiter. Unser Tagesziel ist heute Berat. Die Stadt der 1000 Fenster, die sich seit 2008 UNESCO Welterbe Stadt nennen darf. Wir fahren in nördliche Richtung. Zuerst folgen wir der Straße durch das Drinos Tal mit dem Verlauf des gleichnamigen Flusses. Gerne wären wir durch das Landesinnere über Përmet nach Berat gefahren. Die kleineren Straßen sind teilweise in keinem guten Zustand. Kurz vor Tepelenë zweigt der Weg ab. Dort steht ein Polizist und wir fragen ihn nach seiner Meinung, ob wir die Straße über Përmet nehmen können. Er rät uns davon ab und als brave Deutsche folgen wir seinem Rat natürlich. Im Nachhinein bin ich mir sicher, dass wir mit unserem Auto die Strecke hätten fahren können. Also fahren wir über Tepeline weiter nach Ballsh. Kurz vor Fier nehmen wir den Abzweig nach Berat. Flaches Land und die Berge im Blick geht es vorbei an kleineren Orten. In Acht nehmen muss man sich überall vor Kühen, Schafherden und Polizeikontrollen. Es ist ratsam, sich an die vorgegebene Geschwindigkeit zu halten.

Momentan blüht überall der Mohn. Das sieht wunderbar aus. Auf einem Feld direkt an der Straße ist eine alte Bäuerin mit weißem Haar dabei, die Blüten zu ernten. Was sie damit wohl vorhat?

Auf der Straße nach Kucovë biegen wir ab und fahren in den Ort Perondi. Schon aus einiger Entfernung erblicken wir eine Basilika inmitten des verträumten Dorfes. Eine gepflegte Parkanlage am Hang bildet den Hintergrund für Shën Koll, die kleine dreischiffige Basilika. Diese Kostbarkeit in einfachem Schächtelmauerwerk erbaut, stammt aus dem frühen 10. Jahrhundert. Eine Besonderheit ist der Glockenturm. In der byzantinischen Architektur kamen sie nur sehr selten vor. Wir stellen unser Auto am Dorfplatz ab und laufen zur Kirche. Leider hängt am Eingangstor ein Schloss. Ach schade, wir hätten uns die Kirche gern von innen angesehen. Es sollen Reste von alten Wandmalereien zu sehen sein. Von der Seite kommt eine ältere Frau mit buntem Kopftuch angelaufen und zeigt uns schon aus einiger Entfernung den Schlüssel zum Glück. Das gibt es wohl nur in Albanien. Man wartet einfach einen Moment und irgendwie wird sich die Tür öffnen. Das stolze Alter ist der Kirche anzusehen. Die Malereien sind alt und benötigen einiges Wissen, um zu erkennen, welche biblischen Szenen dargestellt sind. Mit einem Obolus bedanken wir uns für den Einlass in diesen geschichtsträchtigen Ort. Bevor wir uns auf die Weiterfahrt nach Berat machen, laufen wir im Schatten der Basilika den Hügel hoch und werden mit einem wunderbaren Blick in die weite Ebene belohnt. Von hier können wir Berat, unser heutiges Tagesziel, bereits erkennen.

Seit 2005 ist Berat UNESCO-Weltkulturerbe-Stadt. Mit seiner über 2400 Jahre alten kontinuierlichen Besiedlungsgeschichte zählt Berat zu den ältesten Städten in Albanien. Berat liegt an einer Engstelle des Osum, der dort mit einer weiten Flussschleife einen von Süden kommenden Gebirgszug durchbricht. Durch diese günstige Lage konnte sich die Festung über 2000 Jahre entwickeln. Noch heute ist die Festung bewohnt, wie auch einige andere Burgen des Landes. Durch flaches weites Land fahren wir auf Berat zu. Die Vorstadt ist nicht sehr attraktiv. Doch ist erst einmal der Fluss erreicht, versteht man schnell die Faszination der Stadt und weiß, warum sie jährlich viele neugierige Gäste anzieht. Wir machen uns auf die Suche nach unserem Hotel. Das gestaltet sich gar nicht so einfach. Aber eine junge Frau gibt uns den entscheidenden Tipp. Was wir nicht geahnt hätten, unser Hotel befindet sich inmitten der Altstadt. Dafür und für den schönen Ausblick schleppen wir unsere Koffer gerne über die unebenen Steinstufen nach oben. Die Vermieter unserer Herberge sind wieder zauberhaft, hilfreich und bemüht. Unser Zimmer ist klein, authentisch und gemütlich eingerichtet. Die Betten haben eine Länge von 1,90m. Ein Problem für meinen fast 2m langen Mann, denn er kann die Beine nicht ausstrecken. Kein Problem. Sofort wird eine zweite Matratze aufgelegt und die Beine haben die gewünschte Beinfreiheit. Es war für unsere Pensionsbesitzer sicher nicht einfach aus diesen original historischen Häusern eine Herberge zu formen, die den Ansprüchen der Reisesenden genügt. Mit etwas Vorstellungsvermögen lässt sich auf diese Weise eine kleine Zeitreise unternehmen und man kann erahnen, wie die Menschen hier früher gelebt haben. Das schönste ist ein kleiner Innenhof, wo das Essen serviert wird. Zu beiden Seiten das steinige Mauerwerk der Nebenhäuser, rote Lilien rahmen den Balkon ein und Wein rankt über uns zum Schutz vor der Sonne. Mit einem frisch gepressten Orangensaft genießen wir von hier erst einmal den Blick auf die unter uns liegende Altstadt und den Osum.

Berat besteht aus drei alten Stadtteilen zu Füßen der Burg. Unsere Herberge befindet sich im osmanischen Stadtteil Mangalemi. Uns gegenüber auf der anderen Seite des Osum liegt das christliche Stadtviertel Gorika. Unterhalb bzw. aufwärts und inklusive des Burghügels befindet sich das Kalaja Viertel, Burgviertel. Es ist schon erstaunlich. Die Türken haben dieses und Nachbarländer über viele Jahrhunderte besetzt, trotzdem haben die Albaner ihre Sprache in Ehren gehalten und sich nicht in ihrem Glauben brechen lassen. Natürlich gibt es heute Menschen unterschiedlichster Religionsgemeinschaften in Albanien, wie überall auf der Welt.

Noch am Abend unternehmen wir einen ersten Spaziergang. Wir laufen an den Osum, wo Einheimische entlangflanieren und Angler auf einen guten Fang hoffen. Unser Ziel ist die Gorica Brücke, die unter Ahmet Kurt Pascha im 18. Jahrhundert erbaut wurde. Damals hatte die osmanische Verwaltung ihren Sitz in Berat. Die Rundbögen lassen die osmanischen Wurzeln gut erkennen. Das später aufgesetzte Geländer stammt aus heutiger Zeit. Am Anfang der Brücke verkauft ein alter Mann jegliche Art von Werkzeug. Von der Mitte der Brücke können wir auf beide Stadtteile schauen. Die weißen Häuserfronten der meist rechteckigen Häuser wirken malerisch. Dazwischen in einiger Entfernung befindet sich das „Kasino". So nennen wir es. Eigentlich beherbergt dieses eindrucksvolle Gebäude eine private Universität für rund 1500 Studenten, unter anderem der Soziel- und Politikwissenschaften. Dieser Kuppelbau ist eindrucksvoll, passt aber irgendwie nicht in die Szenerie. Wir schlängeln uns durch schmale Gassen quer durch Gorica. Ein Paradies für Fotografen. Hier gibt es so viele schöne Motive. Inmitten von Gorica steht die Kirche Shën Spiridon. Leider ist die Tür verschlossen und wir müssen unsere Besichtigung verschieben. Der Stadtteil wurde als letzter besiedelt und war früher nicht sehr beliebt, denn im Winter liegt er im Schatten der Berge. Erst im 16. Jahrhundert wurde Gorica besiedelt. Viele der Häuser stammen aus der Zeit nach dem großen Erdbeben in der zweiten Hälfte des 19. Jahrhunderts. Über eine moderne Fußgängerbrücke überqueren wir den Osum wieder und suchen uns ein Restaurant im osmanischem Viertel. Wir lassen uns ein sehr traditionelles Essen schmecken, ein albanisches Nationalgericht.

... Gebackenes Lamm in Joghurtsoße

Tavë Kosi: Gebackenes Lamm in Joghurtsoße

Zeitaufwand: ca. 2 Stunden
Zutaten: Für 4 Personen

1 kg Lammfleisch
2 Zehen Knoblauch
650 g Joghurt (mit hohem Fettgehalt, z.B. griechischer Joghurt)
4 Eier
2 EL Oregano
2 EL frische Petersilie, gehackt
6 EL Reis
2 EL Mehl
50 gr. Butter
Salz, Pfeffer

Zubereitung:

Ofen auf 180 Grad vorheizen.

Lammfleisch in ca. 5 cm große Stücke schneiden, salzen und pfeffern. Dann in einer großen Pfanne in Butter von allen Seiten anbraten.

Knoblauch in Scheiben schneiden und kurz mitbraten.
Knoblauch und Lammstücke In eine Ofenform geben und bei 180 Grad 45 Minuten backen.

Danach Ofen nicht ausschalten, aber Ofenform heraus nehmen und evtl. etwas Fett abschöpfen. Dann beiseite stellen.

Eier, Joghurt, Mehl und Reis zusammen in einem Topf erhitzen aber nicht kochen lassen. Dabei beständig rühren, bis die Mischung leicht eindickt.
Mit Oregano, Salz und Pfeffer abschmecken.

Die Sauce in die Ofenform über die Lammstücke gießen, so dass diese möglichst komplett bedeckt werden.
Butterflocken darüber verteilen.

Nochmals 45 Minuten bei 180 Grad backen.
Zum Servieren am besten in der Ofenform lassen und mit etwas gehackter Petersilie bestreuen.

Gutes Gelingen!

Neuer Tag, neues Glück. Auf das Wetter ist momentan nicht so recht Verlass. Eigentlich war für heute Regen angesagt. Nun lacht uns der Himmel freundlich an und wir entscheiden spontan, eine Tour in den Osum Canyon zu unternehmen. Die Straßen sollen gut befahrbar sein, also machen wir uns auf den Weg.

Für die Anfahrt in den Tomorr-Nationalpark braucht man auf alle Fälle ein Allradfahrzeug. Wir fahren über Polican nach Corovoda und wollen dort eine Wanderung unternehmen. Eine landschaftlich sehr reizvolle Strecke. Immer wieder bleiben unsere Blicke auf dem Tomorr Massiv und dem schneebedeckten Cuka e Partizanit mit seinen reichlich 2400 Metern haften. Die Fahrt führt durch kleinere Dörfer, die gemütlich wirken. Kühe, Esel und Hunde lassen sich auf der Straße nicht aus der Ruhe bringen. Überall blüht der Frühling in den schönsten Farben. Rote Mohnfelder und viel Grün begleiten den Verlauf des Osum. Die Stadt Polican wirkt auf uns wie ein vergessener Ort. Die Wohnhäuser sind sehr ärmlich. Früher wurden hier unterirdisch Waffen produziert. Ihre Produktion wurde 2003 eingestellt. Geblieben sind nur einige hässliche Plattenbauten.

Heute ist Sonntag und in Corovoda findet gleich am Ortseingang auf der Straße der Wochenmarkt statt. Es bietet sich uns ein buntes Bild. Hier kann man wirklich alles finden und kaufen. Gebrauchte Schuhe, Kleidung, Werkzeug, Fernseher, Obst und Gemüse, ja sogar Hühner und wer weiß was es hier noch zu kaufen gibt. Doch wir suchen eigentlich einen Einstieg in unsere Wanderung. Gleich am Ortseingang sollten wir den Osum über eine Hängebrücke überqueren und dann flussaufwärts laufen bis zu einer weiteren Brücke und von dort auf der anderen Seite des Osum zurück zum Ausgangspunkt. Durch das Gewusel auf der Straße finden wir uns jedoch nicht zurecht, unserer Navi spinnt und führt uns kreuz und quer.

Wir fragen im Ort nach dem Weg, doch keiner kann uns richtig helfen. Schließlich fahren wir weiter und halten uns immer an den Flusslauf.

Der Canyon ist 14 km lang, die Steilwände sind bis zu 80 Meter hoch. Es gibt mehrere Aussichtspunkte, die einen beeindruckenden Blick in den Canyon erlauben. Die gelbgrauen Felsformationen wirken skurril. Es gibt diverse Wasserfälle, Höhlen und Schluchten. Wenn der Osum wenig Wasser führt, soll es möglich sein, direkt am Fluss an einigen Stellen ein Stück zu laufen, was wir uns kaum vorstellen können. Bei hohem Wasserstand bietet der Fluss beste Raftingmöglichkeiten. Doch wir wollen wandern und suchen immer noch den Einstieg in unsere Wanderroute. Da sehen wir am Wasser eine Gruppe von Raftern, die sich mit ihren Booten auf den Weg machen wollen. Wir laufen runter ans Wasser und fragen einen der Führer. Er ist sehr hilfsbereit, sagt uns aber, dass es hier keine ausgeschriebenen Wanderwege gibt. Aber wir könnten den Flusslauf noch ein Stück weiterfahren. Dort befindet sich rechterhand ein Parkplatz und ein paar Schritte weiter, direkt am Wasser, ein Picknickplatz. Von hier ist es möglich in einer guten halben Stunde zu einem Dorf zu laufen. Das sei eine schöne Wanderung, meint er und hört sich für uns perfekt an. Wir bedanken uns und fahren ein paar Kurven weiter, finden den Parkplatz und starten unsere Wandertour.

Der Einstieg in unsere Wanderung könnte imposanter nicht sein. Über ein paar Stufen betreten wir eine Verengung des Canyons, um dann für ungefähr 100 Meter durch die ca. 10 Meter breite Schlucht zu laufen. Den Osum überqueren wir auf einer hölzernen Hängebrücke. Von nun an windet sich der Weg steil bergauf. Die Wege sind ungesichert und an manchen Stellen muss man gut aufpassen, um nicht abzurutschen. Die Blicke in die Tiefe und das glasklare Wasser des Osum sind sehr eindrucksvoll. Der Weg wendet sich vom Osum ab und wir laufen durch ein Waldstück. Das Rauschen des Wassers verwandelt sich nun in Vogelgezwitscher. Über eine blühende Wiese gewinnen wir weiter an Höhe.

Am höchsten Punkt der Wiese finden wir einen besonderen Platz. Hier sind Steine zu einem Kreis gelegt und es sieht wie ein Meetingplatz aus. Vielleicht ein Treffpunkt der hiesigen Schäfer oder der Dorfältesten. Wir legen eine Pause ein und beobachten in einiger Entfernung einen Schäfer, der mit seinem Hund eine große Herde Schafe über die Wiesen geleitet. Tatsächlich finden wir auf einem Stein eine Wandermarkierung. Vielleicht gibt es also doch schon die eine oder andere beschriebene Wanderung. Über steiniges Gelände, einen Bach und buschige Wege geht es weiter. Mittlerweile sind wir eine Stunde unterwegs. In einiger Entfernung können wir ein Dorf erkennen. Doch bis dahin brauchen wir sicher noch eine Stunde. Nun laufen wir bergab, beschließen dann jedoch umzudrehen. Für die Rückfahrt nach Berat müssen wir ca. 2 Stunden einrechnen. Über den gleichen Pfad geht die Wanderung nun zurück. Hier braucht man gute Wanderschuhe, die Wege sind sehr steinig und uneben. Auf der blühenden Frühlingswiese begrüßen uns Schmetterlinge und Käfer. Ein einzelner Baum steht inmitten der Wiese. In seiner 2 Meter hohen Krone ist so etwas wie ein Hochsitz gebaut. Vielleicht ist es doch eher ein Unterstrand für den Schäfer bei Regen. Wir genießen nochmals die tiefen Blicke in die Schlucht. Die Wanderung hat sich alleine dafür gelohnt. Schade, dass wir das Dorf nicht erreicht haben. Aber es gibt noch viele andere Dörfer in Albanien zu entdecken. Am Picknickplatz lassen wir uns einen albanischen Espresso schmecken, bevor wir uns auf den Rückweg machen. Auf derselben Strecke geht es zurück in Richtung Berat.

Einen Stop legen wir an einem besonderen Ort auf dem Rückweg ein. Gjurma e Abaz Aliut ist ein Bektaschi-Heiligtum. Es liegt direkt an der Straße vor dem Dorf Dhores. Der Bektashi-Glaube ist eine Religion, der viele Albaner folgen.

Die Bektaschi gehören zu einem der größten und einflussreichsten islamisch-alleitischer Derwischorden in Anatolien und auf dem Balkan. Als Begründer des Ordens gilt traditionell der Sufi und Mystiker Hadschi Bektasch. Der Orden der Bektaschi entstand in der zweiten Hälfte des 13. Jahrhunderts und verbreitete sich daraufhin auf dem Balkan. 1946 spalteten sich die Bektaschi von der moslemischen Gemeinschaft Albaniens. Sie sind im heutigen Albanien neben der christlichen Kirche und dem sunnitischen Islam eine anerkannte Religionsgemeinschaft.

Das kleine runde Gebetshaus ist von einem Garten umgeben. Im Inneren befindet sich eine Gesteinsplatte mit dem Fußabdruck des heiligen Abaz Ali. Der Legende nach soll er mit seinem Pferd in einem Satz von hier bis auf den Gipfel des Tomorr gesprungen sein. Dort befindet sich mit seinem Grab der wichtigste Wallfahrtsort der Bektaschi in Albanien. Vorsichtig betreten wir diesen heiligen Ort. Im kleinen Fenster stehen abgebrannte Kerzen. Auf dem Fußboden und im Fußabdruck befindet sich eine blutig aussehende Flüssigkeit. Vielleicht hat hier vor kurzem eine Zeremonie stattgefunden und es wurde eine Ziege geopfert?

Wir fahren weiter in Richtung Berat. In Corovoda sind die meisten Marktstände verschwunden und nun sehen wir die Hängebrücke mit dem Einstieg in die eigentlich geplante Wanderung. Zu spät, Corovoda ist ein guter Ausgangsort, um die Gegend zu erkunden. Es gibt inzwischen Outdoor-Agenturen, die bei Unternehmungen behilflich sind. Unweit befindet sich zum Beispiel der Kanionet e Gradecit, ein Canyon mit bis zu 350 Meter hohen Steilwänden. Ein Paradies für Kletterer, weniger für Wanderer. Einfache Hotels gibt es vor Ort.

Nach einem langen Tag erreichen wir Berat. An einem Gemüsestand kaufen wir uns frisches Gemüse und Brot. Die Tomaten in Albanien sind so lecker, selbst ohne Salz und Pfeffer ein wahrer Genuss. Heute werden wir es uns auf der Terrasse unseres Hotels gemütlich machen, mit Blick auf Gorica, die nächtlich blau beleuchtete Fußgängerbrücke und einem guten Tropfen albanischen Weines.

Am nächsten Tag ist es an der Zeit, die Burg von Berat zu erkunden, Karajan e Beratit, auf Albanisch. Wir folgen den schmalen

Gassen von Mangalemi in Richtung des Burghügels. Es ist nicht weit, dafür geht es stetig bergauf auf der Mihail Kommena Straße. Der Blick zurück auf das unter uns liegende Stadtviertel wird nicht langweilig. Wir schauen in schmale Gassen, Geranien blühen in Blumentöpfen, Wäsche hängt zum Trocknen vor den Fenstern. Katzen beäugen uns scheu aus verlassenen Hauseingängen. Endlich stehen wir vor dem Eingangstor der Vorburg. Drei ältere Herren spielen auf traditionellen Instrumenten ein Ständchen. Gerade ist eine Schulklasse angekommen. Wir lassen ihnen den Vorrang und lauschen den Musikern einen Moment lang. Neben der Burg von Kruja ist die Burg von Berat die einzige noch bewohnte Burg aus türkischer Zeit in Albanien. Vor dem Haupttor kaufen wir uns ein Eintritts-Ticket und schon befinden wir uns im Inneren der Burganlage.

Die Region schaut auf eine lange christliche Geschichte zurück. Aus dieser Zeit stammen die 11 Kirchen auf dem Gelände der Burg. Die meisten sind orthodoxe Kirchen mit reichen Bemalungen. Aus ihnen stammen einige der bekanntesten Ikonen. Leider stehen wir heute immer vor verschlossenen Türen. Das ist wirklich schade und wir wissen nicht recht, wie man an die Schlüssel kommt. Vor einer der Kirchen sitzt ein alter Mann und verkauft Kleinigkeiten. Wir fragen ihn, ob er weiß, wie man an die Schlüssel kommt. Er lacht uns aus seinem zahnlosen Gesicht an und sagt nur „alles zu, alles Korruption". Vielleicht haben wir einfach den falschen Tag erwischt. Am besten fragt man beim Einlass gleich nach den Öffnungszeiten der Kirchen, dort wird es die „Schlüssel" Antwort geben. Wir haben uns auf unser bisheriges Glück verlassen. Aber das scheint nicht immer zu funktionieren.

Wir erlaufen das gesamte Areal. Es wird nicht langweilig. Jede schmale Gasse verspricht einen neuen Blick, manchmal in längst vergangene Zeiten. Die alten Steinhäuser haben nichts von ihrem Charme verloren. Es grünt aus allen Ritzen, Bougainvilleas blühen in schönster Pracht. In Läden verkaufen Frauen Handarbeiten und Souvenirs. Ganz an der südlichen Spitze befindet sich ein Aussichtspunkt. Von hier bietet sich ein weiter Blick ins Land über die alten Stadtteile hinweg, die Universität und die neuen Stadtteile. Wir können dem Lauf des Osum bis weit in die Ebene mit unserem Blick folgen. Aber ganz nah und nur vielleicht 100 Meter von uns entfernt befindet sich die Kirche Shën Mëhilli in Mangalemi. Sie ist an den Fels, auf halber Höhe des Burgberges, gebaut und ihr Anblick hat uns schon vom Fuße des Osum aus begeistert. Diese hübsche Kuppelkirche aus buntem Schächtelmauerwerk errichtet, stammt aus dem 13. Jahrhundert.

Auf einer freien Fläche vor der südlichen Burgspitze verkauft eine junge Frau selbst gebastelten Schmuck, ein älterer Mann bietet an seinem Stand Äpfel, Marmelade und Kirschen an. An den frischen Kirschen kommen wir nicht vorbei, ohne welche zu kaufen und die lassen wir uns schmecken, während wir weiter zur südlichen Befestigungsmauer schlendern. Dort suchen wir nach dem Versorgungsweg, über den zu Kriegszeiten heimlich Lebensmittel auf die Burg gebracht wurden. Entdeckt, folgen wir dem Weg und laufen ihn ein Stück bergab. Irgendwann jedoch ist der Pfad verwildert und wir kehren um. Leider liegt überall viel Müll herum. Das ist hier ein großes Problem. Wir sind allerdings durch Orte gefahren, die sehr sauber waren. Kommunal wird mit diesem Problem sicher unterschiedlich umgegangen. Aber eine umweltfreundliche staatliche Regelung gibt es nicht und das wird allerhöchste Zeit.

Wir erfreuen uns einfach an den bunten Blumen gleich daneben. Wieder schlängeln wir uns durch schmale Gassen und erreichen die Zisterne. Sie ist nicht abgesichert, deshalb sollte gut Acht geben werden. Es könnte ein tiefer Fall folgen.

Der Blick in das alte Gemäuer lohnt sich. Sie stammt aus dem 14. Jahrhundert und hat ein Fassungsvermögen von 150.000 m³. Mit der Wassermenge konnten lange Belagerungen gut überstanden werden. Weiter geht der Weg vorbei an der Akropolis. Wir laufen zur Kirche Shën Triadhes, auch sie ist leider verschlossen. Schade, denn sie soll eine der schönsten und besterhaltenen Kreuzkuppelkirchen Albaniens sein. Also laufen wir an der westlichen Festungsmauer weiter. Der Blick fällt von hier weit über die Myzeqe-Ebene und das Mali i Shiragut. Es geht ziemlich steil hinunter zum Osum.

Unser nächstes Ziel ist das Onufri-Museum. Das Kloster Shën Merise beherbergt das Museum seit 1986 in den Räumen des ehemaligen Dormitoriums. Zu sehen sind Ikonen, liturgische Gebrauchsstücke, Gewänder und alte Schriften um den Künstler Onufri, seine Nachkommen und Schüler. Beginnend im 15. Jahrhundert bis in das 20. Jahrhundert, eine sehr sehenswerte Ausstellung. Herzstück ist die Klosterkirche aus dem Ende des 17. Jahrhundert. Sie ist bemalt und zeigt ebenfalls alte Ikonen.

Fast drei Stunden verbringen wir auf der Festungsanlage. Nun gönnen wir uns noch einen Cappuccino, bevor wir über einen seitlichen Schleichpfad den Rückzug antreten.

Vor der Mittagszeit durchstreifen wir noch eine Weile das Osmanische Stadtviertel. Erster Anlaufpunkt ist die Xhamia Mbret, die Königsmoschee aus dem 15. Jahrhundert. Im Schatten eines Baumes begrüßt uns ein freundlicher älterer Herr, der gerade im Gespräch mit einem Freund vertieft ist. Wir fragen nach der Moschee mit Blick auf die Baustelle davor. „Ja, sie wird momentan renoviert." sagt er. Trotzdem führt er uns in die Moschee und sagt: „Schauen sie sich ruhig alles in Ruhe an und dort drüben in der Ecke, wenn sie wollen, können sie auf das Minarett steigen."

Mit einer Taschenlampe leuchten wir in den schmalen dunklen Eingang. Nein, da bleiben wir drin stecken. Stattdessen bestaunen wir lieber die reich geschnitzte Decke. Der Gebetsraum ist schlicht und schön, konzentriert sich auf das Wichtige. Rechterhand der Moschee befindet sich die Teqeja Helvetie, die Tekke der Halweti Derwische. Eine Tekke ist das Kloster der Ordensgemeinschaft der Bektaschi. Die Klöster sind Besuchern gegenüber sehr freundlich gesinnt. Durch die Bauarbeiten ist die Anlage momentan leider nicht zugänglich. So schlendern wir weiter durch schmale Gassen und schlagen uns in Richtung des großen Boulevards durch. Wohl noch aus kommunistischer Zeit ist er breit, bietet genug Platz für eindrucksvolle Kundgebungen. So wie wir sie aus DDR-Zeiten noch gut in Erinnerung haben. Heute gibt es hier Geschäfte und viele Cafés. Sogar einen kleiner Rummelplatz und einen Park gibt es. Am Abend verwandelt sich die Straße zum traditionellen Xhiro, dem abendlichen Flanieren.

An der „Casino" Universität wenden wir uns dem Osum zu und laufen an ihm zurück nach Mangalemi.

Am Nachmittag geht es auf Spurensuche. Niko und Jimi sind in einem Dorf nahe Berat geboren. Sie haben uns erzählt, dass auf den Hängen ihrer Heimat die größten Kirschen wachsen würden. Also schnappen wir uns unser Auto und überqueren den Osum an der einzigen Autobrücke im Ort. Die Brücke scheint ein Markt für Obst und alles andere aus der Region zu sein. Am Fluss geht es unterhalb von Gorica weiter. Kurz hinter der Fußgängerbrücke rüber nach Mangalemi führt eine Straße den Berg hinauf. Es geht durch eine bewaldete Gegend. Nach den letzten Häusern am Hang verwandelt sich die asphaltierte Straße in eine Schotterpiste. Wir haben reichlich an Höhe gewonnen und der Blick fällt nun weit ins Tal und auf Berat. Olivenhaine zu beiden Seiten. Die Straßenverhältnisse werden nicht besser. Bauern sind mit lautem Gefährt auf dem Weg zu ihren Feldern. Unser Auto kommt langsam an seine Grenzen. Die Löcher in der Straße werden tiefer. Tatsächlich funkeln uns nun rote Kirschen von der Seite an. Der Test bestätigt, die Kirschen sind lecker, saftig und süß. Ob sie tatsächlich die größten sind, da sind wir uns nicht sicher. Wir kommen nur langsam vorwärts. Nach einiger Zeit erreichen wir ein Dorf. Hier kehren wir um. Es macht keinen Sinn weiterzufahren. Die Straße ist einfach zu schlecht.

Auf dem Rückweg sind wir nicht schneller. Immer wieder halten wir für Fotostopps. Berat ist eine eindrucksvolle Stadt. Die Häuser sind nicht so gewaltig wie die in Girokastër. Berat war eine Handwerkerstadt. Die Häuser sind einfacher gebaut. In Girokastër wollte man mit den hohen Wehrturmhäusern Eindruck machen. Das hatten die Berater nicht nötig. Ihre Häuser beeindrucken durch ihre weißen Fronten und die Symmetrie.

Zurück in Berat unternehmen wir noch eine letzte Wanderung an diesem Tag. Oberhalb unseres Quartiers am Hang unter der Burg im Stadtteil Mangalemi schmiegt sich die Kirche Shën Mehill an den Fels unter der Festung. Aus der Vogelperspektive haben wir sie bereits von der Burg aus bewundert. Am besten nimmt man vom Osum aus gesehen den letzten Eingang in die Altstadt Mangalemi und hält sich dann links. In Serpentinen windet sich der Weg nun stetig bergauf. Am letzten Haus des Weges liegt der Schlüssel für Besucher der Kirche bereit. Leider ist bei unserem Aufstieg niemand zu Hause. Wir laufen trotzdem weiter. Vielleicht haben wir ja Glück und es ist schon jemand da. Unterwegs treffen ihr auf viele bunte Schmetterlinge. Der Wegesrand blüht herrlich bunt. Eine Schildkröte macht uns den Weg frei und wir erreichen die Kirche nach ein paar Minuten. Das Tor ist verschlossen. Schade, wieder Pech gehabt. Hübsch ist sie trotzdem anzusehen.

Sie ist in typischem Schächtelmauerwerk erbaut und stammt aus dem 13. Jahrhundert. Hinter der Kirche gibt es einige Höhlen, in denen früher Eremiten gelebt haben. Es wird behauptet, dass einer dieser Eremiten die Kirche regelrecht beschützt und niemanden in das Innere der Kirche gelassen hätte. Er hatte wohl seine Bestimmung gefunden. Wir werden langsam hungrig und laufen zurück und weiter in den Stadtteil Gorica. Abendessen gibt es heute mit Blick auf Mangalemi. Gerade bei Nacht ist der Anblick der Altstadt mit den gleichmäßigen Häuserreihen wirklich schön. Nicht umsonst gehört Berat zum UNESCO Weltkulturerbe.

Am nächsten Tag geht die Reise weiter. Wir fahren in Richtung Norden nach Shkodër. Der Himmel ist bedeckt und immer wieder fallen ein paar Regentropfen auf die Erde. Die Strecke geht über Lushnë ans Meer. Die Straße ist gut, teilweise sogar zweispurig.

Wir schlängeln uns an Tiranë und Durrës vorbei und biegen bei Lac ab in die Bucht von Rodonit.

Unser Ziel ist die Lagune von Patok. Eine Straße, beginnend in Fushë Kuq, führt durch die Lagunenlandschaft. Links und rechts der Straße stehen große Fischfangnetze im Wasser. So etwas haben wir vor Jahren schon einmal in Indien gesehen. Eine sehr fotogene Szenerie. Die Regenwolken über dem Hinterland geben der Landschaft und der Farbe des Wassers eine besonders schöne Stimmung. Fischreiher stehen im Wasser und halten nach Futter Ausschau.

Die Lagune ist ein beliebtes Ziel für die Städter. Zu beiden Seiten der Straße befinden sich Restaurants. Zu ihnen gehören im Wasser auf Stelzen stehende kleinen Häuschen. Sie sind meist kreisförmig ausgerichtet. Hier wird in gemütlicher Runde gespeist. Doch heute ist es hier ruhig. Ganz am Ende des Damms parken wir das Auto und laufen zu Fuß noch ein Stück weiter. Fischerboote liegen in einem kleinen Hafen vor Anker. Männer flicken ihre Fangnetze. Eine schöne Stimmung. Mit Glück kann man hier Pelikane und Karettschildkröten sehen. Wir haben kein Glück und müssen uns mit ein paar Kormoranen und beginnendem Nieselregen zufrieden geben. Doch der Stopp hat sich auf alle Fälle gelohnt.

Weiter geht die Fahrt in nördliche Richtung. Nach Shkodër ist es nun nicht mehr weit. Schon aus einiger Entfernung können wir auf einem Hügel vor der Stadt die Burg Rozafa erkennen.

Shkodër ist die drittgrößte Stadt Albaniens. Sie liegt im Norden und ist ein guter Ausgangspunkt für die Erkundung der Bergwelt. Nach Montenegro ist es nicht weit. Auf den ersten Eindruck gefällt uns die Stadt nicht besonders. Erst beim Stadtspaziergang zwei Tage später erkennen wir, dass es hier durchaus sehr reizvoll ist. Unser Hotel liegt in einer Seitenstraße sehr zentral und hat einen kleinen Rosengarten. Deshalb heißt es Rose Garden Hotel und es gefällt uns sehr gut. Der Tag ist noch lange nicht vorbei, also beschließen wir für heute die Erkundung der großen Burganlage Rozafa.

Bereits im 4. Jahrhundert vor Christus errichteten Illyrer an dieser Stelle eine erste Siedlung. Die Festung wurde auf einem ca. 130 Meter hohen Hügel errichtet. Der Blick von der Burg reicht weit über den Skutarisee. Südlich passieren die Flüsse Kir und Drin die Anhöhe. Der Hügel ist recht steil. Das weitläufige Burggelände hat die Form eines unebenen Dreiecks. Das Gelände selbst ist flach. Es braucht schon einige Zeit, bis man das ganze Areal abgelaufen ist. Die Weite der Anlage lässt vermuten, dass diese Burg einst sehr bedeutend gewesen sein muss. Durch den Zugang mit doppeltem Tor kamen ungebetene Gäste nur schwerlich. Hohe Mauern umgeben das innere Burggelände. Auf der Nordseite stehen noch einige der ehemals 8 gewaltigen Verteidigungstürme. Wir besichtigen die Reste der Kirche aus dem 14. Jahrhundert. Im Nordteil befindet sich ein Burgmuseum und ein Restaurant. Wirklich großartig ist der Ausblick in jede Himmelsrichtung.

Nach rund 2 Stunden verlassen wir das Burggelände und fahren über eine kleine Brücke in Richtung Skutarisee. Es geht vorbei an einer Moschee und einem sehr ärmlich wirkenden Wohnviertel. Direkt am See kommen wir nicht mehr allzu weit. Kurz hinter dem Ort Zogaj endet die Straße, denn hier befindet sich die Grenze zu Montenegro. Auf dem Weg gibt es einige gute Fischrestaurants. Die abendliche, nahezu windstille Stimmung auf dem See ist wunderbar. Ein einsamer Fischer rudert stehend mit seinem Boot über den See. Vitamine für die Augen!

In der Nacht zieht eine Gewitterwand über uns hinweg. Wir wollen einen Ausflug in die Berge unternehmen. Da das Wetter etwas unbeständig ist, versuchen wir unsere Planung anzupassen. Wir entscheiden uns für einen Tagesausflug mit dem Auto. Hier sollte man durchaus etwas mehr Zeit einplanen. Das Bergland ist wunderbar. Nicht nur die Natur, die gewaltigen Felswände und Wasserfälle sind eindrucksvoll. Das Leben der Bergbewohner, ihre freundliche und herzliche Art gefällt uns. Hier leben die Menschen noch sehr traditionell. Moderne Häuser und Technik können sich hier die wenigsten leisten. Die Menschen sind meist Bauern und leben von der Landwirtschaft und ihren Tieren. Das reicht oft gerade einmal zum Überleben. Darum verlassen viele junge Leute ihre bergige Heimat, um in den Städten oder anderen Ländern ihr Glück zu finden.

Früh machen wir uns auf den Weg und folgen dem See in Richtung Montenegro. Kurz vor der Grenze hinter dem Ort Vukpataj-Bajze folgen wir der Straße in die Berge. Die Straßen sind hier sehr gut ausgebaut. Die meisten Touristen fahren in die Gegend um Theth. Dort ist aber die Straße kurz vor dem Ort so schlecht, dass man sie nicht passieren kann. In unserem Hotel gab uns ein Mitarbeiter den Tipp, über Tamara und Lëpushë ins Vermosh-Tal zu fahren. Die Straße schlängelt sich durch die Gebirgswelt und belohnt uns mit einzigartigen Ausblicken. Zwischendrin wechselndes Wetter mit regelmäßigen kleinen Regenschauern, zum Wandern genau richtig. An einem Flusslauf mit wunderbar türkisfarbenem Wasser machen wir halt. Auf der anderen Seite des Flusses stehen einige Bauernhäuser am Hang. Über eine wackelige Hängebrücke gelangen wir zum gegenüberliegenden Ufer. Wir wollen versuchen, am Wasser entlang eine Wanderung zu unternehmen. Leider endet der Weg schon bald. Auf dem Rückweg setzen wir uns auf ein paar Steine und lauschen dem Wasser. Ein Geräusch lässt uns aufhören. Am Himmel erkennen wir ein schweres Seil und auf der Straßenseite können wir beobachten, wie ein älterer Mann einen Sack befestigt und ihn mit einer Seilwinde über den Fluss auf unsere Seite zieht. Er selbst kommt mit festen Schritten über die Hängebrücke und läuft direkt auf uns zu. Wir grüßen ihn freundlich und er antwortet uns lachend. Wir verstehen kein Wort und schauen uns alle mit großen Augen an. Aber dann verstehen wir etwas von Kaffee und er macht eine einladende Geste. Wir freuen uns sehr über seine Einladung und folgen ihm. Es ist nur ein kleines Stück bis zu seinem Haus. Wir laufen durch einen kleinen gepflegten Garten mit

Gemüse und ein paar Weinreben. Hier ist auch das Ende der Seilwinde. Er greift nach seinem Sack und wir laufen weiter zum Haus. Seine Frau steht in der Tür und ist sichtlich erfreut über den fremden Besuch. Ich schätze, sie sind in unserem Alter, vielleicht etwas älter. Das Haar ist schon etwas Licht und es beginnt zu ergrauen. Sein verschmitztes Lächeln ist ausgesprochen herzlich. Auch ohne Fitness Studio ist er sportlich und dynamisch geblieben. Seine Frau hat ihr dunkles Haar zu einem Zopf gebunden und wirkt nicht so sportlich, doch ihre warmherzige freundliche Art vermittelt uns ein Gefühl des Willkommenseins. Wir nehmen im Wohnzimmer Platz. Das Zimmer ist einfach eingerichtet, alles ist sehr ordentlich und sauber. In einer Ecke steht ein Fernseher, noch ein richtig großer Röhrenfernseher. Das Bild ist etwas verrauscht. Aber das stört hier niemanden. An der Wand hängt ein großes Bildnis der Jungfrau Maria. Ein weiteres Bild zeigt eine alte Frau mit Kopftuch. Vielleicht eine Großmutter der Familie. Die Fotos an der Wand und auf einer Anrichte zeigen ihre Kinder. Mit Händen und Füßen versuchen wir uns zu unterhalten und müssen immer wieder lachen. Der Kaffee ist gut. Türkisch mit Zucker und einen selbstgebrannten Raki gibt es dazu, morgens um 11:00 Uhr. Aber da müssen wir durch. Immerhin verstehen wir doch einiges. Sie haben zwei Kinder, die haben natürlich schon eigene Familien. Einer lebt in Amerika und der andere in Shkodrë. Die Hauskatze schaut um die Ecke und beäugt uns vorsichtig. Langsam wird es Zeit zum Aufbruch. Wir haben noch eine gute Strecke vor uns. Zum Abschied schenken sie uns Rosen, die wunderschön am Eingangstor hochranken und ich bekomme ein paar gestrickte Hausschuhe. Wir sind ganz verzaubert von dieser Begegnung. Das sind Momente, die man nicht vergisst. Zu Gast in einem anderen Leben. Solche Begegnungen bringen einen mal wieder auf den Nullpunkt. Uns geht es wirtschaftlich sehr viel besser. Aber macht uns das glücklicher? Ständig jagen wir uns selbst hinterher bzw. durch den Großstadtdschungel. Hier geht es beschaulicher zu. Hart ist das Leben, doch die Zeit wird einem geschenkt. Anders geht es nicht.

Mit diesen Gedanken sind wir wieder auf der Straße unterwegs. Die Strecke ist schön, die Dörfer sind ursprünglich und ordentlich. Die Häuser haben zum Teil Holzschieferdächer. Obstbäume blühen, zartes Grün überzieht den Boden und lässt alles frühlingshaft wirken. Nur die Sonne lässt sich nicht blicken.

In Budace wirkt ein kleines Gasthaus sehr einladend auf uns und wir beschließen, eine kleine Mittagspause einzulegen. Die traditionelle Suppe und das frischen Brot schmecken köstlich. Nach einem Kaffee geht die Fahrt weiter bis nach Vermosh in das Vermosh Tal. Unterwegs sehen wir überall in der Natur verteilt die kleinen Rundbunker von Enver Hoxha, dem Diktator der Sozialistischen Republik Albanien von 1944 - 1985. Manche sogar im Vorgarten der Häuer. Die Menschen nehmen es gelassen und dekorieren sie blumenreich. In Vermosh laufen wir ein Stück am glasklaren Flusslauf entlang. Auf der anderen Flussseite grunzen zwei rosige Schweine des Weges. Das ist schon ein kleiner Ferienort, aber ganz entspannt. Der Ort gefällt uns sehr. Von hier lassen sich schöne Wanderungen durch das Tal und die Bergwelt unternehmen. Eines steht fest. Bei der nächsten Tour werden wir für diese Gegend mehr Zeit einplanen. So kann man z.B. eine Fährfahrt in die Gegend bei Theth unternehmen und zu Fuß weiter in das Dorf wandern. Die Bootpassage soll aufsehenerregend sein.

Wir fahren zurück in Richtung Bashkimi. Auf der Fahrt kommen uns zwei Männer mit ihren schwerbeladenen Maultieren entgegen. Was sie wohl transportieren? Erkennen können wir es nicht, alles ist gut verstaut. Vielleicht frisches Gemüse für den nächsten Markttag. Der Ort Bashkimi schmiegt sich in ein langgezogenes Tal. Hier lassen wir das Auto stehen und erwandern uns den Ort. Auch in diesem Dorf finden sich bereits ein paar Touristenunterkünfte. Alte fast zerfallene Bauernhöfe wirken malerisch zwischen dem Grün und den blühenden Feldern. Eine Schweinefamilie mit ihren süßen Ferkeln kommt uns frei und glücklich durch das Dorf entgegen. Eine herrliche Landschaft. Auf den hohen Felswänden, die das Tal umgeben, sind die Bergspitzen in Schnee getaucht.

50

So machen wir uns auf den Rückweg. Eine weitere kleine Wanderung unternehmen wir in Selcë. In der Umgebung tosen gewaltige Wasserfälle von den Felsen. Über Gestein und Felsbrocken laufen wir an einem Fluss entlang. Unser Ziel ist einer der Wasserfälle. Doch nach einer halben Stunde müssen wir umdrehen. Uns läuft langsam die Zeit davon. Auf der Rückfahrt treffen wir auf eine Ziegenherde. Sie sind so gewandt auf den Felsen unterwegs, dass wir nur staunen können. Wir halten das Auto und schauen ihnen zu, wie sie fast versuchen, auf die kleinen Bergbäume zu klettern. Drei Generationen Schäfer, wohl Opa, Papa und Junior gesellen sich zu uns und erfreuen sich an unserer staunenden Bewunderung für ihre Ziegen. Wir fahren die gleiche Strecke zurück, vorbei an Dörfern, Kühen, Hängebrücken und unzähligen Kurven. Der Skutarisee liegt uns zu Füßen, getränkt in das warme rötliche Licht der untergehenden Sonne.

Kurz vor Shkodër legen wir einen Schlenker ein. Denn hier gibt es eine der schönsten Steinbogenbrücken aus osmanischer Zeit zu bewundern. Die Ura e Mesit stammt aus dem 18. Jahrhundert. Sie führt über einen tosenden Flusslauf und ist ziemlich lang. Sie besitzt mindestens 12 Rundbögen und ist ein echter Hingucker.

Im Hotelrestaurant bei einem guten Abendessen lassen wir diesen Tag noch einmal Revue passieren und im Rosengarten gibt es einen Gutenachtdrink.

Unsere Rundtour führt uns nun zurück in südliche Richtung. Heute wollen wir in die Gegend von Lezhë fahren. Das ist nicht sehr weit, also bleibt uns genug Zeit für einen Bummel durch die Altstadt. Ganz in der Nähe unseres Hotels befindet sich eine recht eindrucksvolle katholische Kirche, die Kisha d Madhe. Diese Kirche ist dem heiligen Stephanus geweiht und wurde im Jahr 1865 eröffnet. Heute ist sie Sitz des Erzbistums Shkodër-Pult. Ihr statten wir zuerst einen Besuch ab.

Bis in die Altstadt ist es nur ein kurzer Weg. Einige der Häuser wurden bereits restauriert und erstrahlen im alten Glanz. Andere

Gebäude warten noch auf eine Grunderneuerung. Doch gibt es gemütliche Cafés und Geschäfte. Der Boulevard hat sich rausgeputzt. Unser Ziel ist das bekannte Marubi Nationalmuseum für Fotografie. Im Reiseführer haben wir davon gelesen. Es lohnt sich wirklich. Zum einen wird die Geschichte der Fotografie erzählt. Es sind unter anderem tatsächlich noch ein paar ORWO Filme aus der DDR ausgestellt. Zum anderen geben viele alte Fotografien Einblick in die Geschichte des Landes. Tradition und Moderne treffen aufeinander.

Wir setzen unseren Rundgang durch die Altstadt fort. Die Suche nach einem Buchladen bleibt fast erfolglos. Kein Buchladen weit und breit. Beim Nachfragen werden wir fündig. Kleine Kioske finden sich auf dem Boulevard und am Park. Beim Betreten sehen wir, dass es tatsächlich Buchgeschäfte sind. Sie sind klein, aber bis unters Dach mit Büchern gefüllt.

Beeindruckend ist die Ebu-Bekr-Moschee im Zentrum der Altstadt. Sie wurde 1994/95 erbaut. Die alte Moschee wurde in der kommunistischen Zeit zerstört. Auf dem Rückweg laufen wir an der sehr hübsch anzusehenden orthodoxen Kathedrale der Geburt des Herrn vorbei. Sie wurde erst im Jahr 2000 errichtet. An dieser Stelle gab es bereits einen historischen Bau, der im Jahr 1998 durch einen Sprengstoffanschlag zerstört wurde. Wir gönnen uns wieder einen Kaffee und fahren guter Dinge in Richtung Lezhë. Direkt unter der Burg Rosafa halten wir ein letztes Mal und schauen uns die wunderschöne Bleimoschee aus dem 18. Jahrhundert an. Ein Schäfer mit seiner Herde hat sie gerade umzingelt. Die freundlichen Tiere lassen uns brav passieren. Wir kommen zwar nicht in den Gebetsraum, doch die Vorhalle ist schon auffallend genug mit in Stein gehauenen Details. Der Schäfer zieht mit seiner Herde weiter, wir tun es ihm gleich.

Am Vortag haben wir auf dem Land eine Unterkunft gebucht. Es sah sehr hübsch aus und soll ein Biohof sein. Also stellen wir uns etwas Kleines, gemütliches vor. Dank Navi finden wir den Weg, verlassen die Hauptstraße und folgen einer holperigen Dorfstraße. Diese ländliche Gegend gefällt uns sofort. Wir freuen uns auf etwas Ruhe auf einem Bauernhof. Langsam nähern wir uns unserer Unterkunft, die dann doch schon aus einiger Entfernung zu sehen ist. Da kann man mal sehen, dass die Fotos bei booking.com einen doch ins Bockshorn jagen können. Bei unserer Unterkunft handelt es sich um das Mrizi i Zanave. Was wir nicht wussten, dieser Biohof ist hier sehr populär. In der Tat ist es eine tolle und gepflegte Anlage. Das Restaurant ist bekannt für sein gutes Essen von hoher Qualität, alles Bio! Zum Hof gehört ein Gebäude mit Zimmern, die vermietet werden. Die Zimmer sind sehr modern und stylisch eingerichtet. Da kann man nicht meckern. Trotzdem fühlen wir uns hier nicht so richtig wohl. Keiner fühlt sich verantwortlich für die Übernachtungsgäste. Es herrscht immer Trubel, besonders zu den Mahlzeiten. Egal, wir werden es trotzdem genießen.

Am Nachmittag unternehmen wir gleich eine Erkundungswanderung. Vor dem Haus schnattern hunderte von Gänsen. Kühe, Esel, Hühner, hier fehlt nichts. Wir laufen durch den Weinberg zu den etwas abseits gelegenen Gebäuden. Freundlich werden wir begrüßt und es findet sich sofort jemand, der uns alles zeigt. Eine Käserei gibt es, Wurst und Fleisch und Marmelade, alles aus eigener Produktion. Das macht einen sehr guten Eindruck. Unter einem Baum stehen im Halbkreis große Flaschen mit einer rosafarbenen Flüssigkeit. Man erklärt uns, dass das Rosenwasser wird. Mit Zitrone und Zucker angesetzt ist es sehr lecker und wird zum Essen als Aperitif gereicht.

Am Abend statten wir dem Restaurant einen Besuch ab. Das hatten wir bereits bei der Ankunft reserviert. Ansonsten kann es passieren, dass man selbst als Übernachtungsgast keinen Platz bekommt. Das Essen ist vorzüglich, wirklich etwas Besonderes. Doch uns fehlte die Gemütlichkeit, die ein so gutes Essen abrunden würde.

Auf unserer Wanderung vom Vortag haben wir auf einer Bergspitze eine kleine Kapelle entdeckt. Sie soll heute das Ziel unserer

Wanderung sein. Wir machen uns auf den Weg und laufen die Straße entlang in der Hoffnung, irgendwo einen ausgeschilderten Wanderweg zu finden. Fehlanzeige. Das macht nichts, denn auch dieser Weg ist schön. Im nächsten Dorf krakeelen drei große Truthähne um die Wette. Auf einer Wäscheleine hängen wundersam weite weiße baumwollene Reifröcke. In der Tat kleiden sich die älteren Frauen in der Gegend sehr traditionell. Schwarze Jacken und Röcke mit weißem Unterrock und weißen weiten Hosen. Es scheint, als würden die Frauen hier alle einen gerade geschnittenen kurzen Bob tragen. Bei genauerer Betrachtung handelt es sich um Kopftuch, inklusive der Haarpracht. Wenn das nicht praktisch ist. Die Kapelle liegt nun oberhalb von uns, doch einen Weg hinauf finden wir nicht. Also folgen wir einer Schildkröte auf dem Gehweg. Freundlich, wie wir sind, helfen wir ihr, die Straße zu überqueren. Wir halten uns rechts und folgen dem Weg zu einem ausgeschriebenen Kloster. Dort angekommen, erwartet uns eine sehr gepflegte Anlage mit Kirche und Nebengebäuden und der Ruine einer alten Kirche. Ein Ruheplatz mit Toilette und Wasser weist auf einen Pilgerweg hin. Wir schauen uns alles genau an, aber wie wir zur Kapelle kommen sollen, ist uns noch immer ein Rätsel. Wir fragen den Gärtner des Hauses. Er zeigt in eine Richtung, scheint aber nicht recht Bescheid zu wissen. Doch der Tipp ist gut. Wir verlassen das Klostergelände und entdecken kurz vor dem Eingang eine rote Beschriftung auf einem Stein. Ein schmaler steiniger Pfad führt uns um das Kloster und an einer Schlucht vorbei. Es ist der richtige Weg. Endlich erreichen wir über einen Bergrücken die kleine Kirche, die auf einem Berggipfel thront. Der Blick von hier auf das Umland ist großartig. Wir können bis nach Montenegro sehen. Hier legen wir eine Pause ein. Um uns herum blüht es und viele Schmetterlinge flattern durch die Luft. Ein paar Ziegen laufen etwas aufgeschreckt vor uns den Berg herunter. Die Kapelle ist für uns geöffnet und erlaubt einen Einblick. Sie scheint nicht sehr alt zu sein. Holzbänke stehen zu beiden Seiten. Die Front ziert ein kleiner Altar.

Bergab finden wir dann eine Art Pilgerweg. 7 weiße Holzkreuze führen uns zurück auf die Straße. Es bleibt uns nichts anderes übrig, als den gleichen Weg zurück zu laufen. An der Grundmauer einer anderen Kirche treffen wir wieder auf eine Schildkröte. In einem Dorfladen mit Café kaufen wir uns Äpfel und trinken etwas. Eine ältere Dame in beschriebener traditioneller Kleidung kommt in den Verkaufsraum und winkt mir zu. Ich soll ihr folgen, offensichtlich möchte sie mir etwas zeigen. Ihr rundlich rosiges Gesicht erstrahlt in einem freundlichen Lächeln. Stolz zeigt sie mir eine Puppe im gleichen Gewand. Nur Sekunden später zieht sie mich an der Hand in den Hinterhof, wo ein Webrahmen steht. Schon sitzt sie an ihm und zeigt mir ihr Handwerk und weitere schöne selbstgewebte Decken. Ich denke, dass sie das vielleicht verkaufen möchte und frage nach dem Preis. Aber nein, das verkauft sie nicht. Sie möchte es einfach nur zeigen. Sie zieht mich ins Haus und dort zeigt sie mir eine wunderschöne alte Truhe, ein Familienbesitz. Die junge Verkäuferin aus dem Geschäft gesellt sich zu uns. Sie schmunzelt und sagt in gebrochenem Englisch, dass das ihre Mutter sei. Es ist ihr etwas peinlich. Wir beruhigen sie und bestaunen die schönen Handarbeiten. Hier erlebt man Momente, die andernorts gar nicht mehr denkbar wären.

Zurück in unserem Biohof findet gerade wieder eine Massenfütterung statt. Wir halten in aller Ruhe eine Siesta und am Abend fahren wir in ein nettes Restaurant in der Umgebung. Der Sonnenuntergang über der weiten Ebene mit den Bergen im Hintergrund ist wunderbar.

Ein neuer Tag bricht an. Keine Wolke am Himmel, vom Regen keine Spur. Nach einem leckeren Frühstück machen wir uns auf den Weg. Langsam schließt sich der Kreis unserer Rundreise. Die Entfernungen sind nicht mehr allzu weit. Wir verabschieden uns von unserer ländlichen Idylle und fahren zurück zur Hauptstraße. In Lezhë nehmen wir noch ein Ticket für falsches Überholen mit. Und ich sage noch, du musst hier nicht überholen... Später erfahren wir, dass Lezhë bekannt ist für seine Polizeikontrollen. Davon lassen wir uns nicht die Laune verderben. Wir fahren weiter Richtung Süden in die Kleinstadt Krujë. Für eine Stadtbesichtigung haben wir nicht genug Zeit. Wir schlängeln uns die Straße hoch zur Burg von Krujë, welche erhaben über die Stadt wacht.

Für die Albaner ist die Burg ein historisches Heiligtum. Burg und Museum erinnern an den albanischen Freiheitskämpfer Skanderbeg. Im frühen Mittelalter, zwischen dem 6. und 9. Jahrhundert, entwickelte sich Krujë von einer mittelgroßen Burgsiedlung zu einer kleinen Stadt. 1190 begründete Progon das Fürstentum Arbanon mit der Burg Krujë als Herrschaftszentrum. Es war das erste von einem albanischen Adligen beherrschte Fürstentum. 1415 wurde Krujë durch die von Sultan Mehmed I. geführten osmanischen Truppen erobert. In der Mitte des 15. Jahrhunderts eroberte Skanderberg mit seiner Liga von Lezha die Stadt zurück und verteidigte von der Festung aus Albanien mehrere Jahrzehnte gegen die vordringenden Osmanen. Erst nach dem Tod von Skanderbeg konnten die Türken 1478 Krujë und ganz Albanien vollständig besetzen und danach mehr als 400 Jahre beherrschen.

Innerhalb der weitläufigen Anlage befinden sich das Skanderberg Museum und das Ethnologisches Museum.

Auf einem Rundgang kann man unter anderem ein türkisches Bad und ein Heiligtum der Bektaschi besichtigen. Wie kann es anders sein. Von hier oben bietet sich ein weiter Blick auf das Umland. Im hinteren Teil der Burg gibt es sogar Touristenunterkünfte. Die Übernachtung auf einer Burg ist bestimmt ein Erlebnis. Am Ende des Rundgangs bummeln wir über die alte Basarstraße aus dem 19. Jahrhundert. Sie wurde restauriert und ist ein gutes Beispiel für die Bergarchitektur der damaligen Zeit. Hier gibt es neben Souvenirs, Bildern und Antiquitäten alles Mögliche zu entdecken.

Jetzt noch ein leckeres Albanisches Dessert! Wie wäre es mit ...

Albanischer Erdbeerkuchen

7 Eier
16 EL Zucker
15 EL Mehl
1 Päckchen Backpulver
2 Päckchen Vanillezucker

Eigelb und Zucker, Vanillezucker gut verrühren
Backpulver unter das Mehl mischen und unter die Eierzuckermasse rühren
15 Minuten! mit dem Mixer schlagen

Ofen auf 190 Grad vorheizen
25 Minuten in einer runden Form backen
Den Ofen nicht sofort öffnen! 5 Minuten warten

Suropi

1,5 Tassen Zucker
0,5 Tassen Honig
3 Tassen Wasser
4 Nelken für Aroma
Zitronenschale einer Zitrone

10 Minuten kochen lassen
dann 2 EL Zitrone zum andicken
Der Suropi wird über den Teig gegossen. Aber wichtig!
Wenn Suropi noch warm ist, muss der Teig schon erkaltet sein!

Den Teig teilen und mit Joghurt oder Mascarpone oder einem Mix aus beidem eine Schicht anfüllen und den Kuchen damit bestreichen. Zum Schluss mit Erdbeeren belegen.

Unsere Fahrt geht weiter. Wir nähern uns langsam wieder dem Meer. Zuvor besichtigen wir das Kloster von Ardenica.

Es befindet sich auf einem Bergrücken, dem Himmel ein Stück näher. Es heißt, dass es hier bereits im 10. Jahrhundert eine Kirche gab. Das Kloster wurde dann wohl im 13. - 14. Jahrhundert gegründet. Es blickt auf eine lange Geschichte zurück. 1967 wurde das Kloster von den kommunistischen Machthabern gewaltsam aufgelöst, aber nicht wie so viele andere Sakralbauten Albaniens zerstört. Es wurde zum Kulturdenkmal erklärt. 1992 erhielt die orthodoxe Kirche Albaniens die Klosterkirche zurück. Ein Priester wurde nach Ardenica entsandt, um dort wieder regelmäßig Gottesdienste abzuhalten. Seit Mitte der 1990er Jahre lebt wieder eine Gemeinschaft von Mönchen im Kloster. Das Tor ist verschlossen. Wir klopfen an und dürfen eintreten. Die Klosteranlage ist überschaubar. Im hinteren Teil sind offensichtlich die Wohnräume der Mönche. Besonders interessant ist die Hauptkirche mit ihren Fresken und Bildern aus dem 18. Jahrhundert.

Auf unserem Weg zum Meer erwartet uns nun noch ein weiteres Highlight, die Ruinenstadt Apollonie. Sie befindet sich nur ein paar Kilometer westlich der Stadt Frier. In Frier müssen wir uns etwas durchkämpfen. Baustellen sind uns im Weg. Aber hat man Frier erst einmal hinter sich gelassen, ist die Ausgrabungsstätte schnell gefunden.

Apollonie wurde um 588 v. Ch. als dorische Kolonie von Korfu mit Beteiligung von Siedlern aus Korinth gegründet. Der Ort ist nach dem Gott Apollon benannt und war fast 1000 Jahre lang ein wichtiges städtisches Zentrum im epirotischen Raum.

Unterhalb der weitläufigen Anlage gibt es einen großen Parkplatz. Dort stellen wir unser Auto ab und machen uns auf einen Erkundungsrundgang. Es sind nicht viele Leute unterwegs. So können wir alles in Ruhe betrachten. Auf unserem Weg laufen wir an all den antiken Bauten, bzw. was von ihnen übrig geblieben ist, vorbei. Besonders eindrucksvoll ist der Triumphbogen am Eingang der Agora, dem zentralen Fest- und Versammlungsplatz. Ihm gegenüber befindet sich das Odeon oder Theater. Es gibt hier viel zu entdecken. Leider flattert einiges an Plastikmüll durch die Gegend. Trotzdem ein schöner Rundgang. Auch das Archäologische Museum am Eingang der Anlage ist sehr interessant und sollte nicht ausgelassen werden. Es befindet sich im ehemaligen Kloster Saint Mary. Neben den vielen ausgestellten antiken Fundstücken, erwarten den Besucher die Überreste der Klosteranlage.

Nun wird es abenteuerlich. Wir wollen weiter nach Vlorë und von dort die Küste hinunter. Auf der Fahrt haben wir gesehen, dass eine neue Autobahn im Bau ist. Sie führt von Frier nach Vlorë. Wir müssten eigentlich zurück nach Frier und dann weiter über die Landstraße. Also fragen wir einen jungen Mann auf dem Parkplatz nach dem Weg und er sagt: Ihr könnt unten auf die im Bau befindliche Autobahn fahren. Das machen alle und ihr seid viel schneller. Tja, was nun. Als braver Deutscher macht man das eigentlich nicht. Egal, wir wagen es, haben dabei zwar Bauchschmerzen. Aber alles geht gut. Wir finden die Ausfahrt kurz vor Vlorë und sparen so eine gute Stunde.

Vlorë ist eine moderne Stadt, hier bewegt sich einiges. Wir erreichen endlich das Meer. Die Promenade ist irre lang und breit. Wir sind beeindruckt. Hier gibt es viele Hotels. Noch ist nicht viel los, die Saison beginnt erst. Eigentlich haben wir heute schon so viel gesehen. Doch was jetzt kommt, ist nochmal ein besonderes Highlight. Hinter Vlorë reihen sich noch einige kleine Urlaubsorte mit Jachthäfen aneinander. Dann geht der Weg vom Meer weg. In Serpentinen führt die Straße ziemlich hoch über einen Gebirgszug. Plötzlich findet man sich in einer ganz anderen Welt wieder. Dichter Wald und Wanderwege. Würde hier Schnee liegen, könnte man meinen, es sei ein Wintersportgebiet. Vielleicht ist es das auch im Winter. Auf der anderen Seite des Berges sehen wir das Meer und die ganze albanische Rivera vor uns. Der Anblick ist atemberaubend. Wir halten an einem Parkplatz. Auch die Temperaturen haben sich sprunghaft um einige Grad nach unten verändert. Ein frischer kalter Wind weht uns hier um die Nase.

Diese Straße ist ein absolutes Muss! In Serpentinen geht es wieder in die wärmere tiefere Gegend. Unter uns befindet sich der Llogara Karaburun Nationalpark. Er erstreckt sich über eine Fläche von ca. 1000 Hektar inmitten des Ceraunischen Gebirges. Die Gründung des Parks diente insbesondere dem Schutz des Bergwaldes aus zahlreichen Baumarten, Sträuchern und vielen alten Pinienbäumen. Die Bergwälder wachsen auf Höhenlagen zwischen 470 und über 2.000 Metern über dem Meeresspiegel.

Immer wieder halten wir an, um die Aussicht zu genießen. Die Fahrt geht durch hübsche Orte, die alle Blick auf das Meer haben. Wir fahren bis nach Porte Palermo. Die Bucht kennen wir von unserer ersten Reise. Hier in der Bucht haben wir uns ein Zimmer gemietet. Den Abend verbringen wir am Meer. Schöner kann ein solch erlebnisreicher Tag nicht enden. Frischer Fisch vom Feinsten, guter Wein, ein zauberhafter Sonnenuntergang mit Blick auf das Ionische Meer.

Am nächsten Morgen werden wir vom Rauschen der Wellen geweckt. In der Bucht gibt es zwei Sehenswürdigkeiten. Ganz in einer Ecke versteckt befindet sich ein U-Boot-Hafen. Man kann den Eingang gut erkennen. Ein paar Baracken stehen davor. Das war einmal der wichtigste U-Boot Bunker der albanischen Marine im Mittelmeer. Eine Besichtigung ist nur aus der Entfernung möglich. Die Burg von Porte Palermo aus dem 18. Jahrhundert ist nicht zu übersehen und sie lädt die Besucher der Region ein. Über einen schmalen Weg erreicht man die scheinbar kreisrunde Burginsel. Wir besuchen sie nun schon zum zweiten Mal. Beschaulich ist sie und doch trägt sie die Geschichten alter Zeiten in sich.

Ein schöner Vormittagsspaziergang. Wunderbar blaues Meer und überall blüht der Oleander. Mittags springen wir in die Fluten. Unser Hotel hat einen kleinen Kieselsteinstrand. Das Wasser ist hier glasklar.

Am Nachmittag fahren wir die Riviera nochmal ein Stück in nördliche Richtung zurück. So ziemlich die ganze Riviera gehört zum Verwaltungsgebiet der Stadt Himarë. Zuerst besuchen wir den alten Stadtkern von Himarë. Er liegt hoch über der Küste in den Bergen und wirkt eher wie eine Dorfgemeinde. Wir erlaufen uns den Ort, der sehr ursprünglich ist. Von hier oben hat man eine weite Sicht auf das Meer. Ein Teil der Häuser ist zerfallen und nicht mehr bewohnt. Wir schauen in die Überreste einer Kirche. Rundbögen machen den Blick in die Umgebung frei. Oleander sorgt für Farbe. Wir fahren noch ein kleines Stück weiter in den Ort Dhërmi Fshat. Auf einem Hügel über dem Ort leuchtet strahlend weiß die Fassade des Kloster Shën Mërisë, welche wir besuchen wollen.

Wir parken unser Auto an der Straße und laufen los. Der Ort ist gar nicht so klein. Angeblich soll es hier um die 30 Kirchen geben und eine Schule. In einem Lokal gönnen wir uns einen Drink. Die Gastwirtin ist sehr freundlich. Sie zeigt uns den Weg zur kleinen Kapelle.

Die Gemeinde ist fleißig dabei, den Ort zu restaurieren. Wege werden erneuert, alte Häuser renoviert. Das wird bestimmt mal eine richtige Perle. Momentan haben wir etwas zu tun, denn die Wege sind schlecht. Irgendwo scheint eine Wasserleitung defekt zu sein. Zwei Bauern kommen uns mit ihrem Esel entgegen. Ein malerisches Bild. Nach einigem hin und her haben wir den richtigen Weg gefunden und kämpfen uns die letzten Treppen zur strahlend weißen Kapelle hoch. Das blaue Tor lässt sich öffnen. Im Innenhof befindet sich ein Friedhof und welch Wunder, die Tür zur kleinen Kapelle ist offen. Allerdings steht nicht viel drin. Ein Podium, ein alter goldfarbener Leuchter und ein paar Holzstühle. Die Wände schmücken alte Wandmalereien. Teilweise sind sie zerstört, aber das, was zu sehen ist, ist sehr schön in Rot- und einem himmlischen Blauton. Besonders eindrucksvoll ist die kleine runde Kuppel. Bevor wir uns auf den Rückweg machen, laufen wir um die ganze Kirche herum und genießen die Aussicht.

Anschließend fahren wir in den am Meer liegenden Ortsteil von Himarë. Wir bummeln die Promenade entlang und essen frischen Fisch in einem der Restaurants am Wasser. Zu Himarë und auch Dhërmi gehören Ortsteile, die direkt am Wasser liegen. Hier entwickelt sich langsam eine Touristenszene. Die Reisenden und Besucher lieben das klare Wasser des Ionischen Meeres.

Langsam neigt sich unsere Albanien Rundreise ihrem Ende zu. Der letzte Abschnitt von Porte Palermo bis nach Sarandë ist nicht mehr weit. Aber natürlich hat auch dieses Stück noch ein paar Abzweige für uns bereit.

Unsere albanischen Freunde gaben uns den Tipp, unbedingt das kleine Bergdorf Queparo zu besuchen, denn hier gibt es den besten albanischen Kaffee. Diesen Ort muss mein Mann und bekennender Kaffeeliebhaber kennen lernen.

Der Ort teilte sich vor vielen Jahren. Seit 1957 gibt es zwei Ortskerne. Einer liegt am Wasser, der andere in den Bergen über dem Meer. Wir fahren durch den Ortsteil am Meer und nehmen die schmale steile Straße, die nördlich am West Hang der Berge hochführt. Schon die Strecke ist ein kleines Abenteuer. Gegenverkehr wird hier zum echten Problem. Aber die Mühe lohnt sich. Der Ort liegt auf einer Höhe von knapp 300 Metern und ist sehr ursprünglich. Hier kann man das Leben auf dem Lande erleben. Die Zeit ist hier etwas langsamer unterwegs. Wir laufen durch schmale Gassen und erhaschen Einblicke in das Leben und das Umland. Ziegen meckern von einer Wiese herüber. In der einzigen Dorfkneipe sitzen nur Männer beim Kaffee. Nun gemeinsam mit uns und der Kaffee schmeckt wirklich gut.

Auf dem Rückweg schauen wir immer wieder zurück. Ein schöner Blick vorbei an Olivenbäumen und Oleanderbüschen. Die Fahrt geht an der Küste weiter. Vor uns liegt die weite Bucht von Livadh. Wir fahren bis in den Ort Piqeras.

Bei unserer ersten Reise wollten wir hier das kleine Kloster Shën Mërisë Krimaroves besuchen. Doch wir konnten den Weg nicht finden und sind am Ende viel zu lange durch die Mittagshitze gelaufen. Das Kloster hatten wir dann fast aus der Vogelperspektive vor uns. Ein toller Anblick, doch wollten wir ja das ehemalige Kloster besichtigen. Heute wollen wir den Weg finden. Wir fragen im Dorfladen nach dem Weg. Der Verkäufer weist uns die Route hinauf und noch viel wichtiger! Er gibt uns den Schlüssel für das Tor mit. Sonst würden wir vor verschlossenen Türen stehen.

Wir stellen uns wieder nicht sehr pfiffig an, können den Weg einfach nicht finden. Dann kommt uns ein älterer Herr entgegen und er zeigt uns den Weg. Der Einstieg ist fast nicht zu finden, nur für Leute, die sich hier auskennen. Wir holpern über Stock und Stein. Irgendwann lässt sich dann ein Pfad erkennen und der bringt uns direkt zum kleinen Kloster. Geschafft! Leider fängt es etwas an zu tröpfeln. Der Schlüssel passt. Die Anlage scheint rund zu sein und die Wände sind weiß getüncht. Die Kirche besitzt keine Wandmalereien. Sie ist schlicht weiß. Ein kleiner Altar und ein paar Bilder und Ikonen schmücken die Wände. Im Innenhof befinden sich einige Gräber. Wir klettern ein wenig durch die Ruinen und um die ganze Anlage. Auf der Mauer lassen wir uns schließlich nieder und den Blick in die Ferne schweifen. Von hier schaut man locker bis nach Korfu herüber. Wir stolpern den Steinweg wieder hinunter und bringen den Schlüssel dankend zurück.

Die Fahrt an der Küste geht weiter. Links und rechts der Straße stehen alte Olivenbäume. Kurz vor Sarandë trennen wir uns vom Meer und fahren auf der SH8 in Richtung Delvine. Auf dem Weg können wir auf einem Bergrücken die alte Stadt Phoinike in einiger Entfernung erkennen.

Im Reiseführer habe ich von einem weiteren lohnenswerten Abstecher gelesen. Ein sehr altes und sehenswertes Kloster. Wir folgen der Beschreibung des Weges und verlassen die Hauptstraße in Richtung Kakome Beach. Die Straße schlängelt sich dem Meer entgegen. Wir können die wunderschöne Bucht bereits vor uns sehen. Da endet plötzlich die Straße. Von hier geht nur es zu Fuß weiter.

Ein Posten bewacht das Ende der Straße und lässt sich von uns einen Parkplatz am Straßenrand bezahlen. Von hier geht es entweder runter an den Strand. Das ist ganz sicher lohnenswert. Den Strand braucht man nicht mit vielen Menschen zu teilen. Eigentlich wollte die Regierung hier eine riesige Bettenburg für Touristen bauen. Das haben die Bewohner abwenden können. Trotzdem wird hier ein etwas zweifelhaftes Bauprojekt geplant. Aber die Bauarbeiten wurden eingestellt und liegen brach.

Der andere Weg führt zur frisch rekonstruierten Klosteranlage Manasteri i Kakomes. Eine Wanderung von vielleicht 20 Minuten. Unterwegs treffen wir auf Ziegen und Schafe. Ein Pferd steht angeleint mitten auf unserem Weg. Aber es lässt uns passieren. Die Anlage ist wirklich sehr sehenswert. Das Kloster gehört zum Dorf Nivica. Es war über Jahrhunderte für seine einzigartige Bibliothek und seine Priesterausbildung bekannt. Die kleine Kreuzkuppelkirche ist in byzantinischem Stil errichtet. Sie soll vollständig mit Fresken aus dem Jahr 1672 bemalt sein. An einen Schlüssel haben wir dieses Mal nicht gedacht. Irgendwie öffnen sich die Türen in Albanien ja immer. Aber Ausnahmen bestätigen die Regel! Und heute trifft die Ausnahme zu. Schade, wir sind doch zu neugierig und hätten diese hübsche kleine Kirche zu gern angesehen.

Zu kommunistischen Zeiten hat die Anlage sehr gelitten. Heute erstrahlt sie in neuem Glanz. Wir laufen um die Klosteranlage. An einigen Bereichen kann man immerhin über die Mauer schauen, Kirche und Bogengänge gut erkennen. Doch die Mauer ist zu hoch, um sie zu überwinden. Enttäuscht machen wir uns auf den Rückweg. Bei unserer nächsten Albanien Reise werden wir es wieder versuchen.

Wir lassen uns immer ein oder zwei Türen offen, um einen guten Grund zu haben, sich nochmals auf den Weg zu machen.

Wir haben die Runde fast geschlossen. Sarandë erreichen wir am späten Nachmittag. Wir bewegen uns auf bekannten Wegen. Wieder steigen wir im Hotel Harmony ab, wie bei unserer ersten Reise.

Nicht nur die freundliche Atmosphäre begeistert uns an diesem Hotel. Der Blick in die weite Bucht von Sarandë ist einfach einmalig.

Dafür ist der Weg ins Zentrum etwas weiter. Ein schöner Spaziergang von einer halben Stunde. Man bekommt so einen guten Eindruck vom Ort und von dem, was sich hier entwickelt.

Und in Sarandë passiert viel. Der Tourismus hat die Stadt fest in der Hand. Jedes Jahr kommen mehr Gäste.

Wir verbringen den Abend bei unseren Freunden im Restaurant Centrali. Bei einem mediterranen Gaumenschmaus berichten wir von unseren Erlebnissen. Und bei einem guten Wein erträumen wir uns die Ziele unserer nächsten Albanien Reise.

Eines ist sicher, für die Berge im Norden werden wir das nächste Mal mehr Zeit einplanen. Die Gegend ist zu schön, um sie an nur einem Tag zu erleben. Und es gibt viele weitere Orte in diesem schönen freundlichen Land, die wir unbedingt noch entdecken wollen.

Niko und Jimi

Fischerhafen von **Sarandë**

Albanische Küste in Richtung Süden

Berat

Burg Rozafa

Ebu-Bekr-Moschee - Shkodra

Gegend bei Vermosh in den Alpen

Porte Palermo

Himarë

Berat mit dem Tomorr Gebirge

Zeitfracht Medien GmbH
Ferdinand-Jühlke-Straße 7
99095 Erfurt, Deutschland
produktsicherheit@kolibri360.de